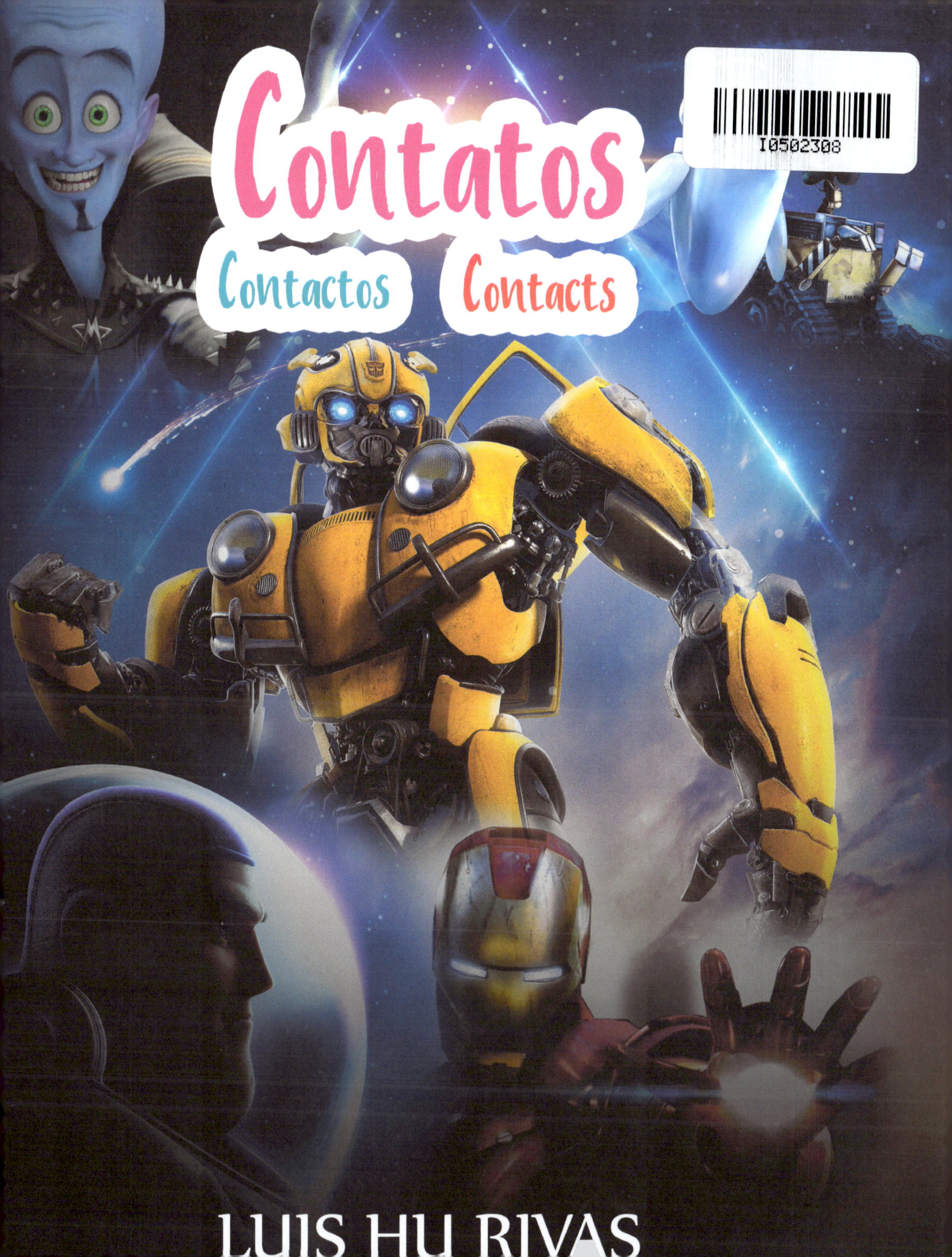

Contatos
Contactos Contacts

LUIS HU RIVAS

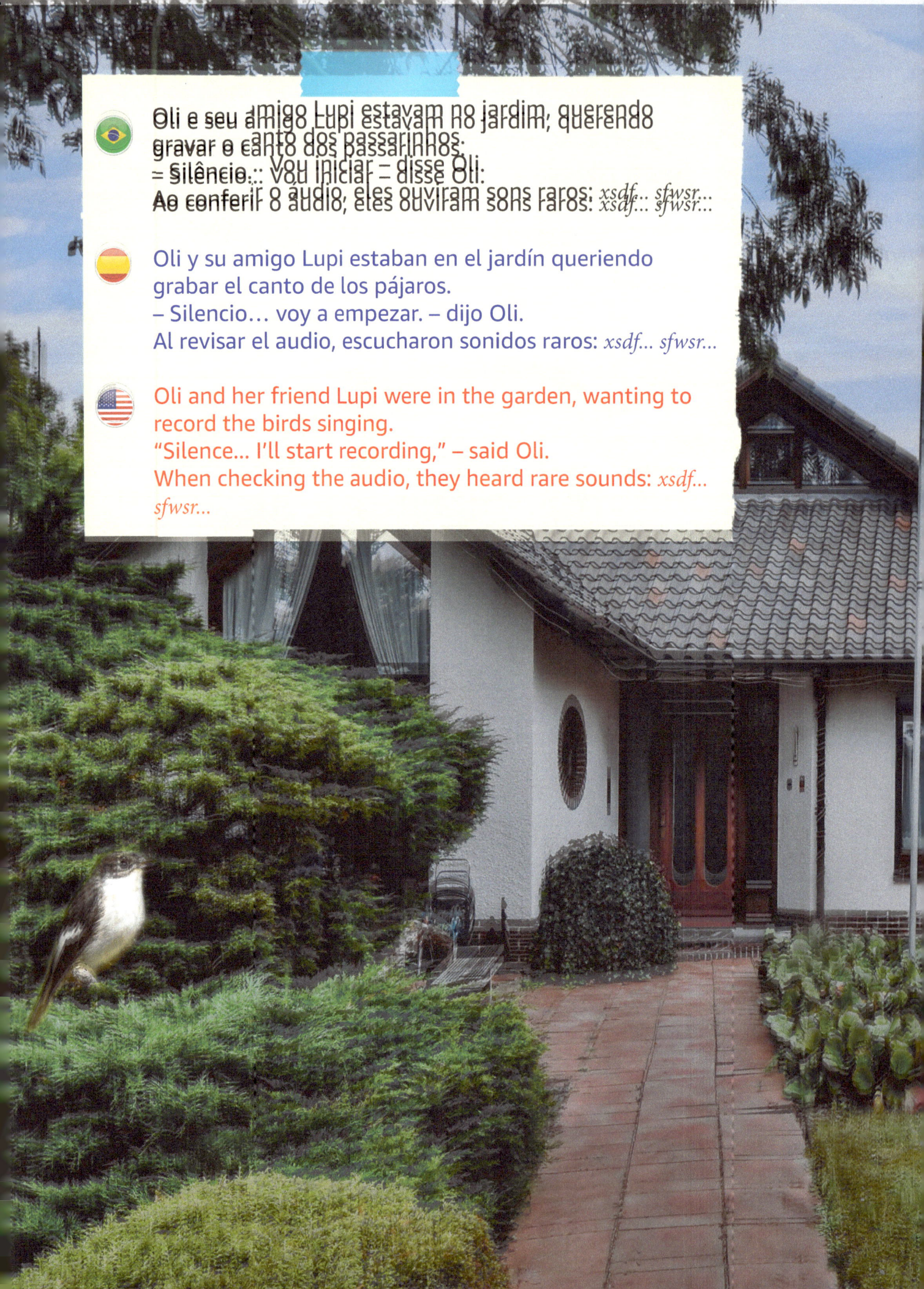

🇧🇷 Oli e seu amigo Lupi estavam no jardim, querendo gravar o canto dos passarinhos.
– Silêncio... vou iniciar – disse Oli.
Ao conferir o áudio, eles ouviram sons raros: *xsdf... sfwsr...*

🇪🇸 Oli y su amigo Lupi estaban en el jardín queriendo grabar el canto de los pájaros.
– Silencio… voy a empezar. – dijo Oli.
Al revisar el audio, escucharon sonidos raros: *xsdf... sfwsr...*

🇺🇸 Oli and her friend Lupi were in the garden, wanting to record the birds singing.
"Silence... I'll start recording," – said Oli.
When checking the audio, they heard rare sounds: *xsdf... sfwsr...*

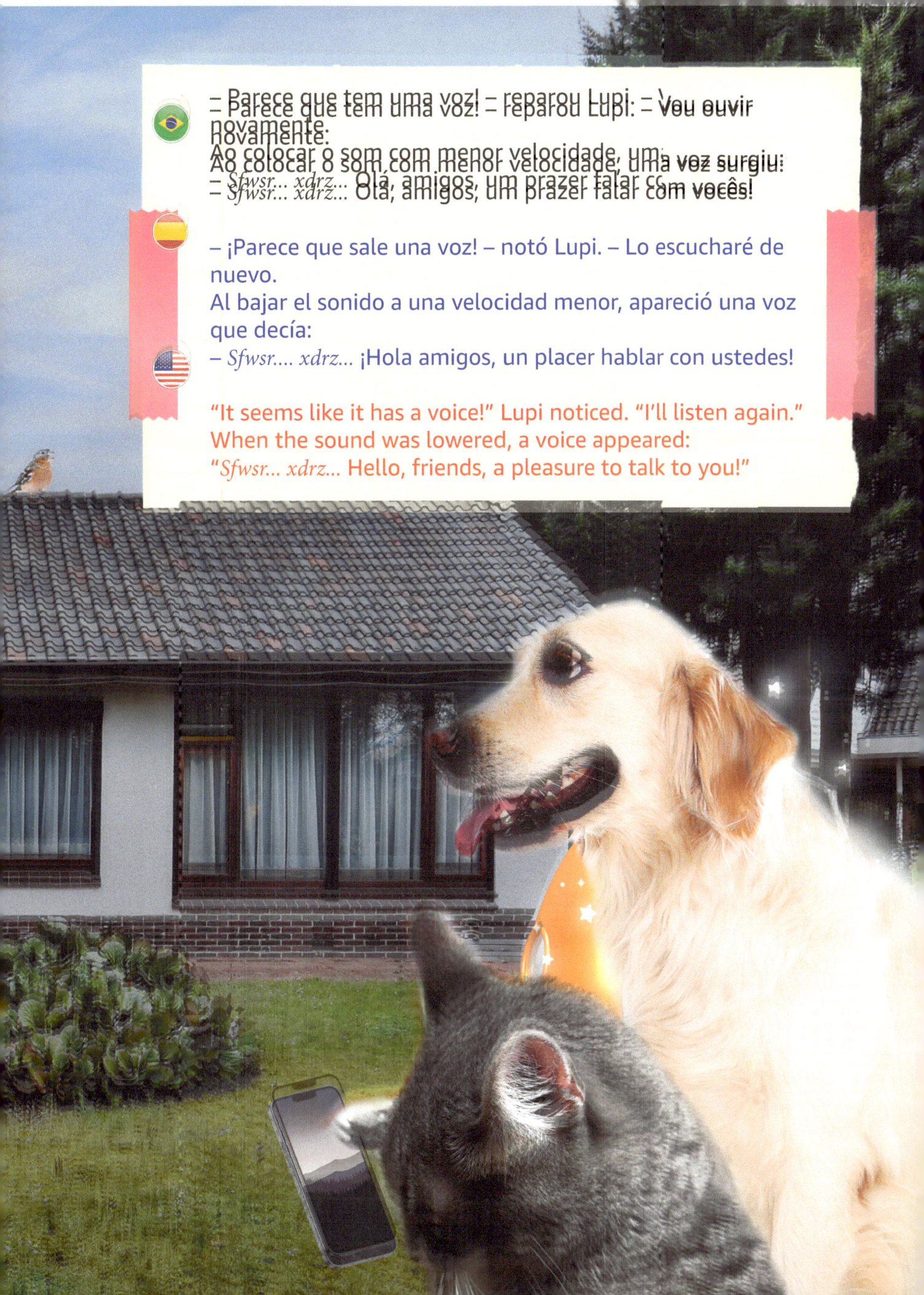

🇧🇷 – Parece que tem uma voz! – reparou Lupi: – Vou ouvir novamente:
Ao colocar o som com menor velocidade, uma voz surgiu:
– *Sfwsr... xdrz...* Olá, amigos, um prazer falar com vocês!

🇪🇸 – ¡Parece que sale una voz! – notó Lupi. – Lo escucharé de nuevo.
Al bajar el sonido a una velocidad menor, apareció una voz que decía:
– *Sfwsr.... xdrz...* ¡Hola amigos, un placer hablar con ustedes!

🇺🇸 "It seems like it has a voice!" Lupi noticed. "I'll listen again."
When the sound was lowered, a voice appeared:
"*Sfwsr... xdrz...* Hello, friends, a pleasure to talk to you!"

🇧🇷
– Miau! – gritou Oli. – O que é isso?
– Um fantasma? – perguntou-se Lupi, lembrando-se de Gasparzinho.
– Talvez Akasha, a cápsula do espaço-tempo, possa ajudar – disse Oli.

🇪🇸
– ¡Miau! – gritó Oli. – ¿Qué es eso?
– ¿Un fantasma? – preguntó Lupi, recordando a Gasparín.
"Quizás Akasha, la cápsula espacio-tiempo, pueda ayudar", dijo Oli.

🇺🇸
"Meow!" shouted Oli. "What is that?"
"A ghost?" Lupi asked himself, remembering Casper, the Friendly Ghost.
"Maybe Akasha, the space-time capsule, can help," said Oli.

🇧🇷
Ao aproximar-se de Akasha, a inteligência artificial revelou:
– Vocês ouviram a voz de um Espírito captada por um aparelho eletrônico. Isso se chama Transcomunicação Instrumental.
– Isso é possível? – perguntou Oli. – Nunca ouvi falar!
– Entrem na cápsula para conhecer mais – convidou Akasha.

🇪🇸
Al acercarse a Akasha, la inteligencia artificial reveló:
– Escucharon la voz de un Espíritu captada por un dispositivo electrónico. Esto se llama Transcomunicación Instrumental.
– ¿Eso es posible? – preguntó Oli. – ¡Nunca antes lo había escuchado!
– Ingresen a la cápsula para saber más – invitó Akasha.

🇺🇸
Upon approaching Akasha, the artificial intelligence revealed: "You heard the voice of a Spirit captured by an electronic device. This is called Instrumental Transcommunication."
"Is it possible?" asked Oli. "I've never heard of it!"
"Enter the capsule to find out more," invited Akasha.

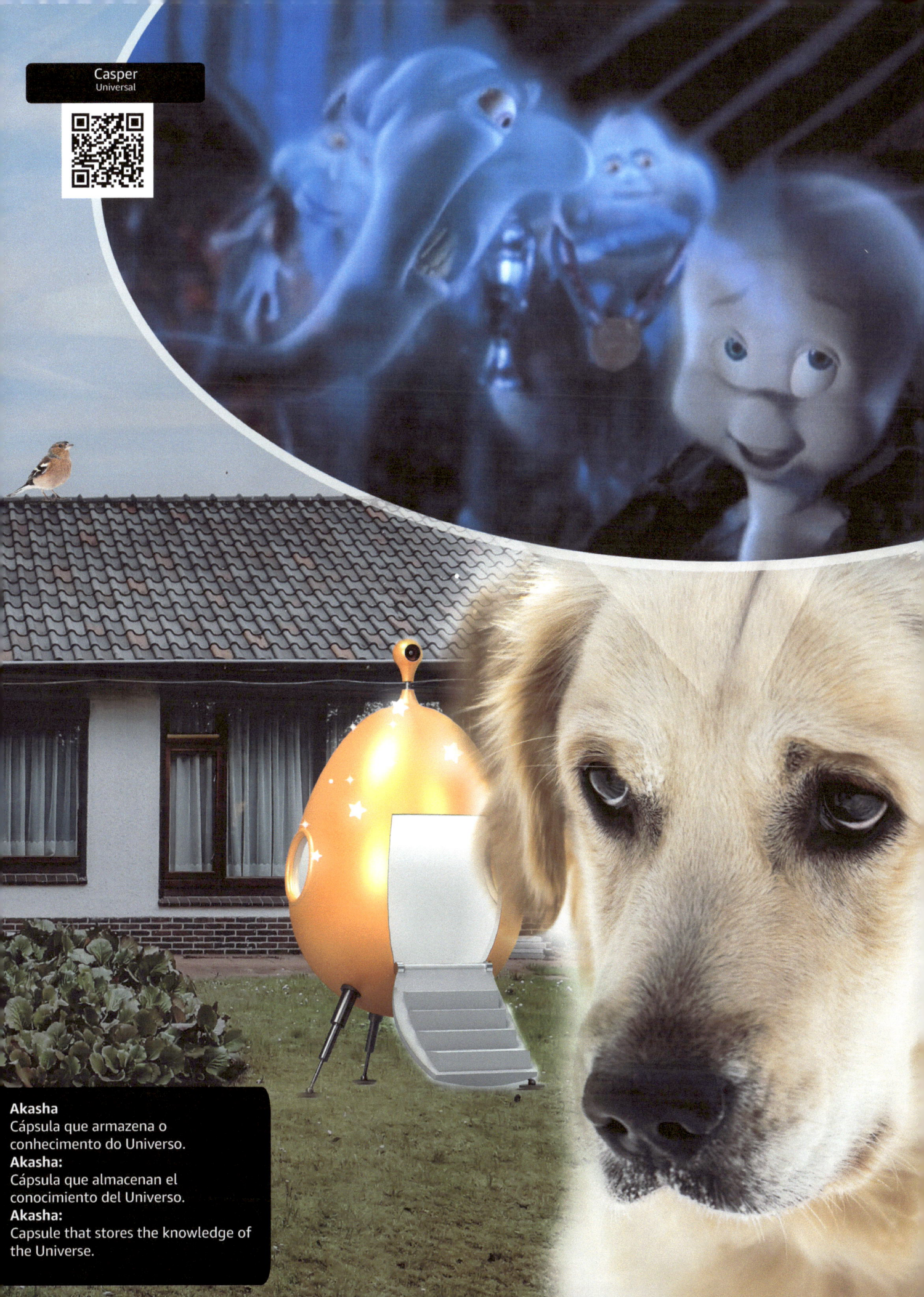

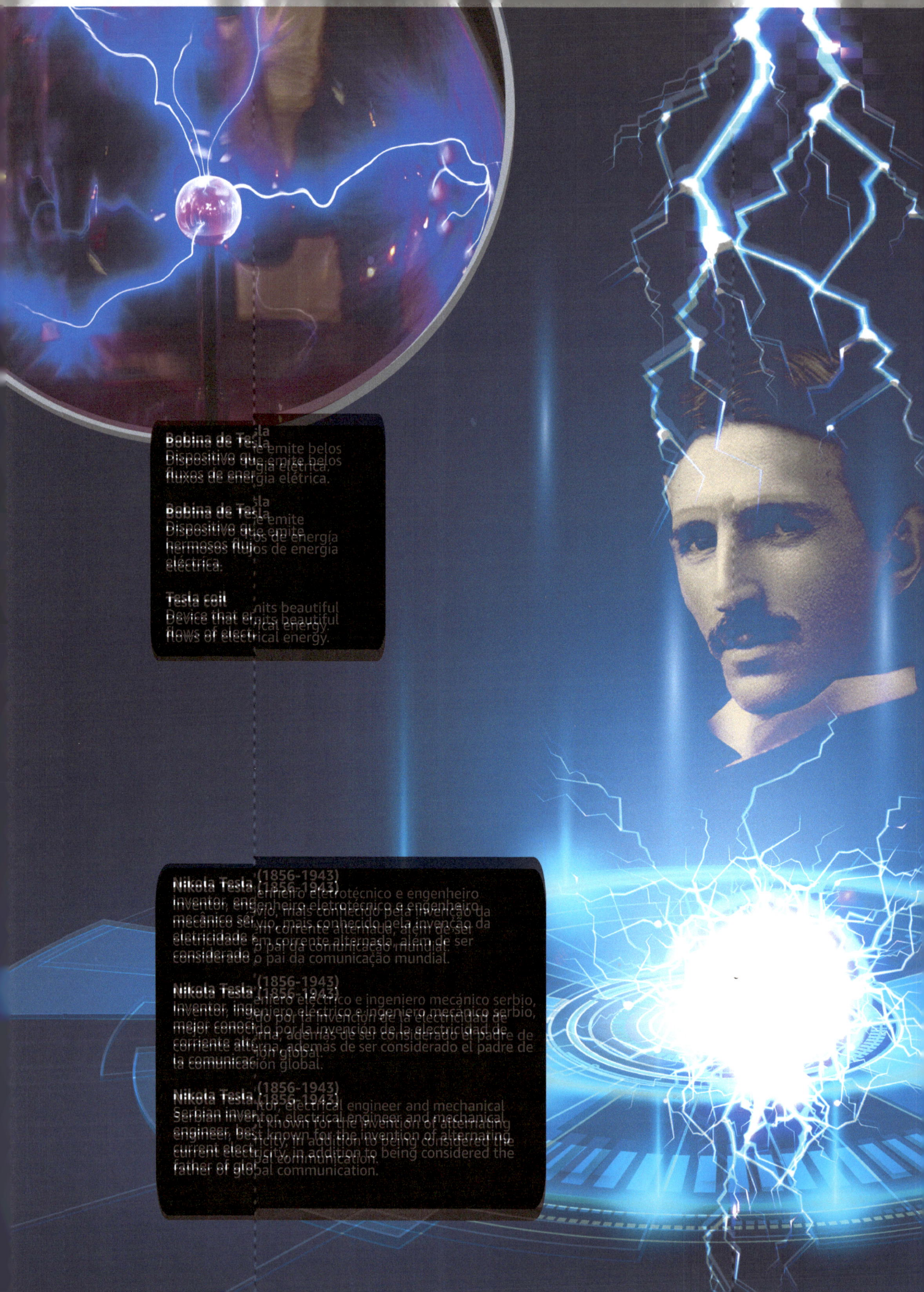

Bobina de Tesla
Dispositivo que emite belos fluxos de energia elétrica.

Bobina de Tesla
Dispositivo que emite hermosos flujos de energía eléctrica.

Tesla coil
Device that emits beautiful flows of electrical energy.

Nikola Tesla (1856-1943)
Inventor, engenheiro eletrotécnico e engenheiro mecânico sérvio, mais conhecido pela invenção da eletricidade em corrente alternada, além de ser considerado o pai da comunicação mundial.

Nikola Tesla (1856-1943)
Inventor, ingeniero eléctrico e ingeniero mecánico serbio, mejor conocido por la invención de la electricidad de corriente alterna, además de ser considerado el padre de la comunicación global.

Nikola Tesla (1856-1943)
Serbian inventor, electrical engineer and mechanical engineer, best known for the invention of alternating current electricity, in addition to being considered the father of global communication.

Lá dentro apareceu, em um holograma, o famoso inventor, físico e engenheiro Nikola Tesla.
– Sou seu fã – disse Lupi. – Você inventou a corrente alternada!
– Olá, pessoal! Ouviram minha mensagem? – perguntou Tesla.

 En su interior apareció, en un holograma, el famoso inventor, físico e ingeniero Nikola Tesla.
– Soy tu fan – dijo Lupi. – ¡Tú inventaste la corriente alterna!
– ¡Hola amigos! ¿Oyeron mi mensaje? – preguntó Tesla.

 Inside the capsule appeared in a hologram Nikola Tesla, the famous inventor, physicist, and engineer.
"I'm your fan," said Lupi. "You invented the alternating current!"
"Hey guys! Did you hear my message?" asked Tesla.

 – Foi você quem falou conosco? – quis saber Oli.
– Sim, fui eu! – respondeu o inventor. – Nós, Espíritos, podemos nos comunicar com o mundo material por muitos meios.
– Até por celular? – surpreendeu-se Lupi. – Estão muito modernos.
– Vou lhes contar minha história – falou Nikola Tesla.

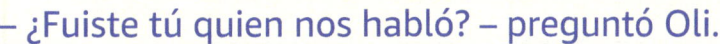 – ¿Fuiste tú quien nos habló? – preguntó Oli.
– ¡Sí, yo fui! – respondió el inventor. – Los Espíritus, podemos comunicarnos con el mundo material a través de muchos medios.
– ¡Incluso por celular! – exclamó Lupi. – Son muy modernos.
– Les contaré mi historia. – dijo Nikola Tesla.

 "Were you the one who spoke with us?" Oli wanted to know.
"Yes, it was me!" replied the inventor. "We, Spirits, can communicate with the material world through many means."
"Even on a cell phone?" Lupi was surprised. "They are very modern."
"I will tell you my story," said Nikola Tesla.

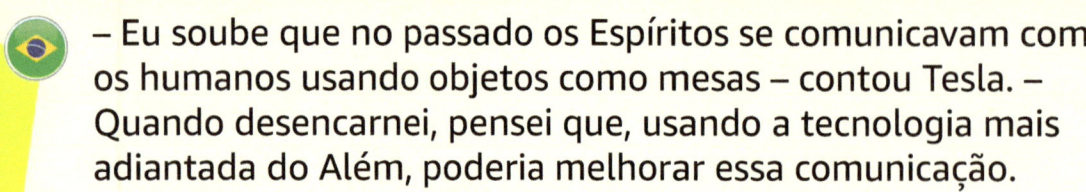 – Eu soube que no passado os Espíritos se comunicavam com os humanos usando objetos como mesas – contou Tesla. – Quando desencarnei, pensei que, usando a tecnologia mais adiantada do Além, poderia melhorar essa comunicação.

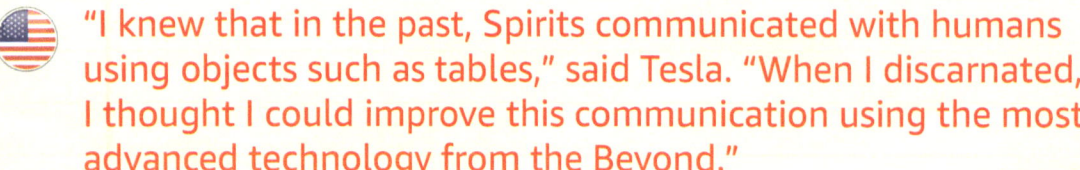 – Me enteré que en el pasado los Espíritus se comunicaban con los humanos usando objetos como mesas. – dijo Tesla. – Cuando desencarné, pensé que, usando la tecnología más avanzada del más allá, podría mejorar esta comunicación.

"I knew that in the past, Spirits communicated with humans using objects such as tables," said Tesla. "When I discarnated, I thought I could improve this communication using the most advanced technology from the Beyond."

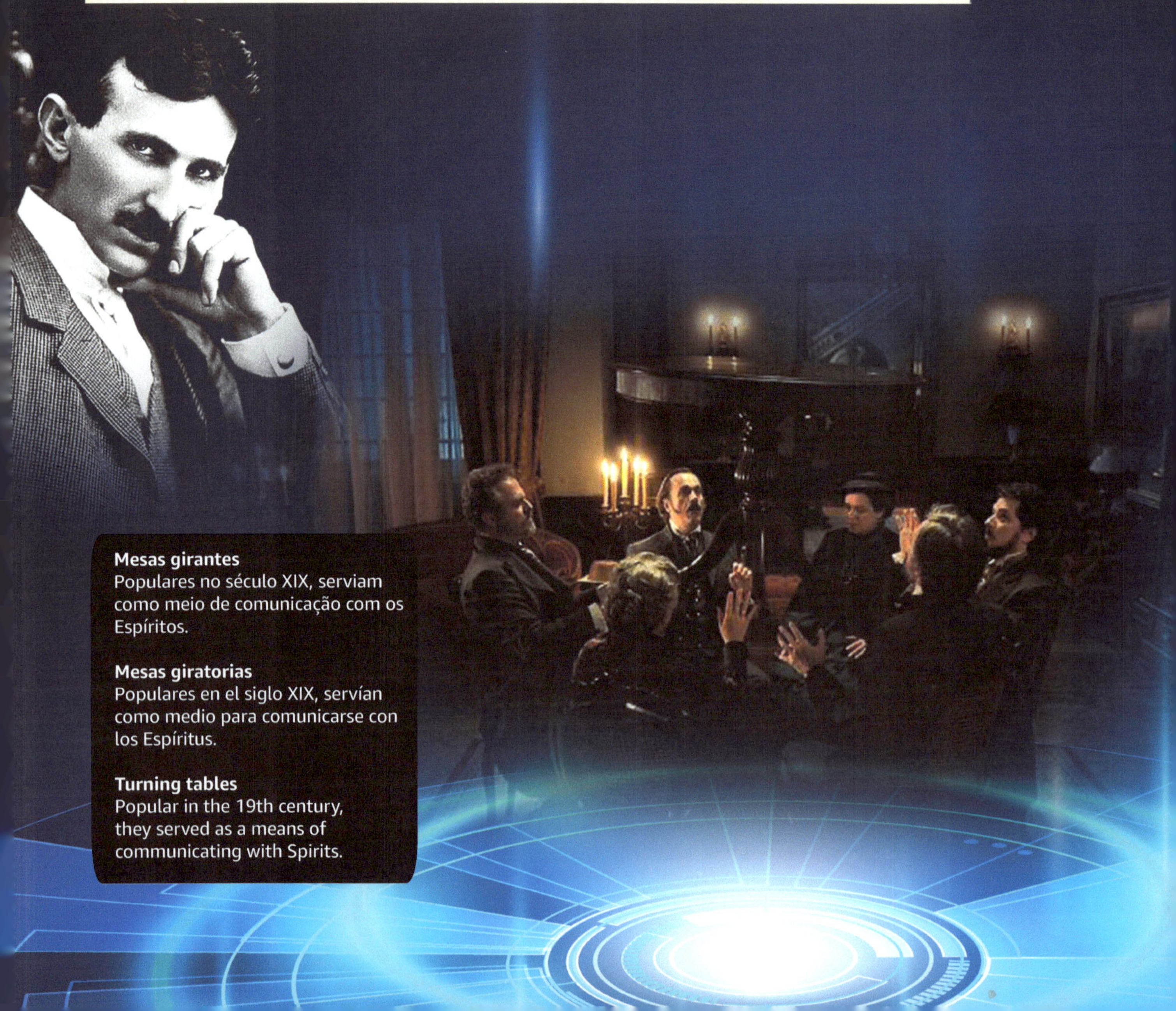

Mesas girantes
Populares no século XIX, serviam como meio de comunicação com os Espíritos.

Mesas giratorias
Populares en el siglo XIX, servían como medio para comunicarse con los Espíritus.

Turning tables
Popular in the 19th century, they served as a means of communicating with Spirits.

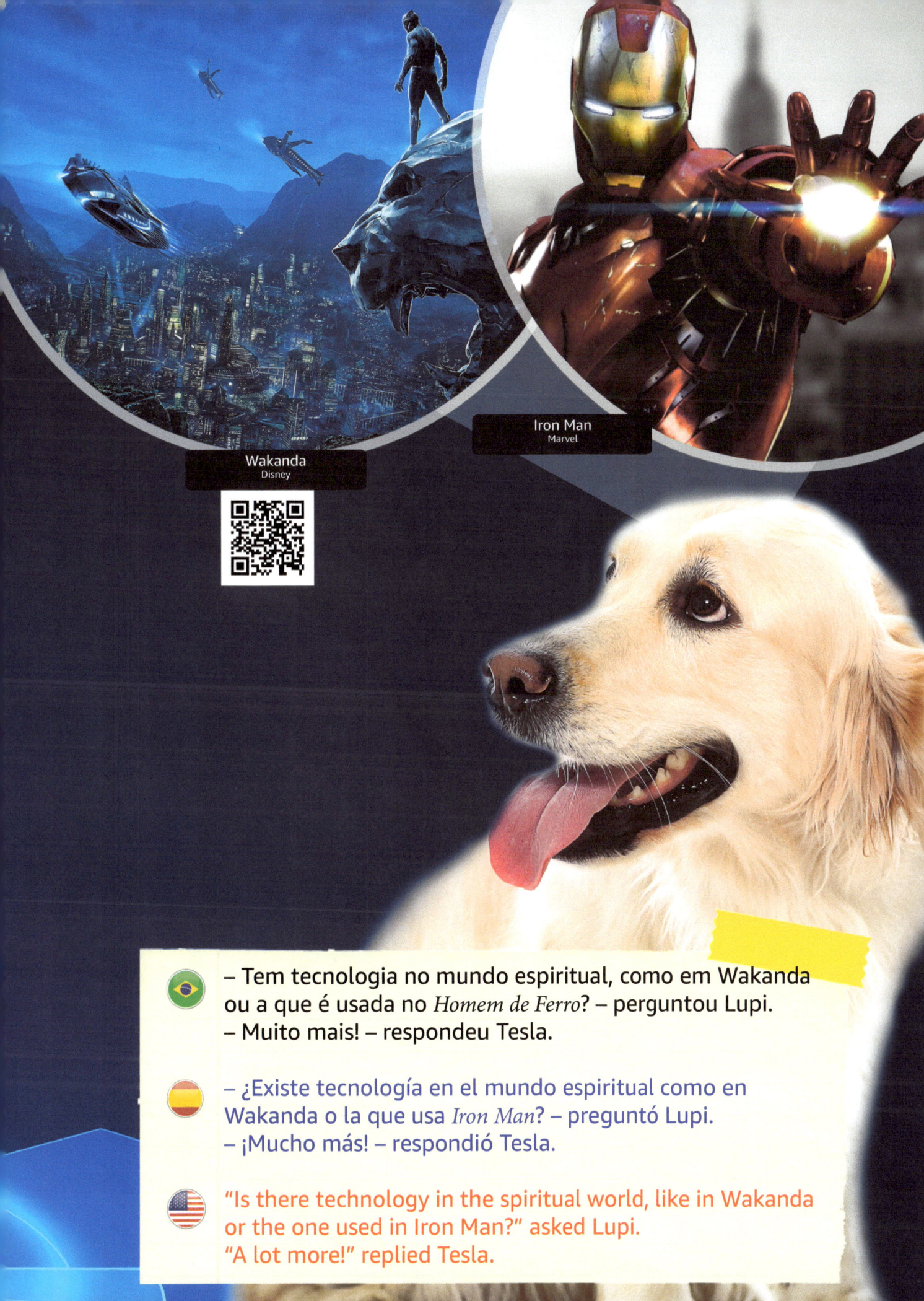

Wakanda
Disney

Iron Man
Marvel

🇧🇷 – Tem tecnologia no mundo espiritual, como em Wakanda ou a que é usada no *Homem de Ferro*? – perguntou Lupi.
– Muito mais! – respondeu Tesla.

🇪🇸 – ¿Existe tecnología en el mundo espiritual como en Wakanda o la que usa *Iron Man*? – preguntó Lupi.
– ¡Mucho más! – respondió Tesla.

🇺🇸 "Is there technology in the spiritual world, like in Wakanda or the one used in Iron Man?" asked Lupi.
"A lot more!" replied Tesla.

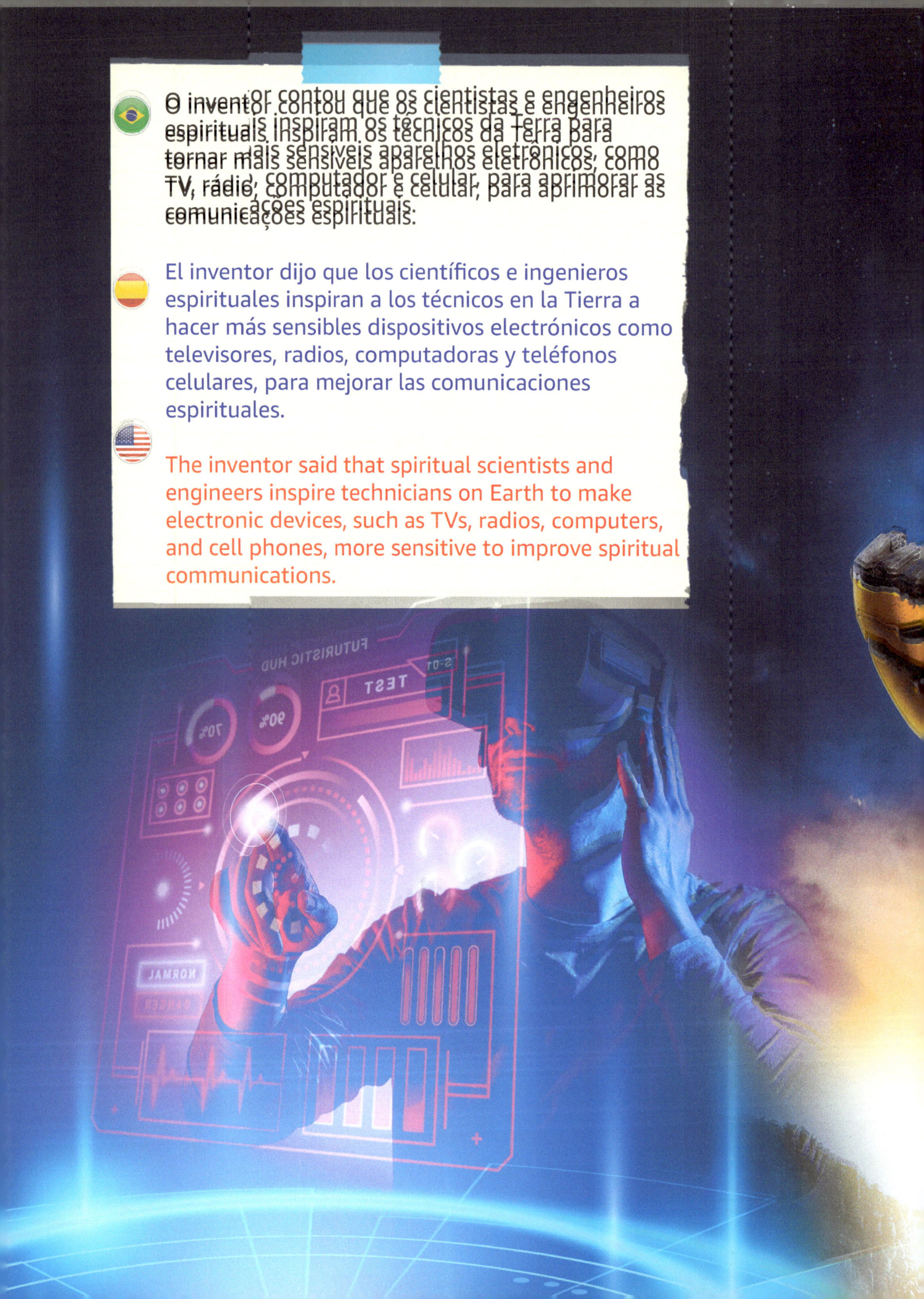

🇧🇷 O inventor contou que os cientistas e engenheiros espirituais inspiram os técnicos da Terra para tornar mais sensíveis aparelhos eletrônicos, como TV, rádio, computador e celular, para aprimorar as comunicações espirituais.

🇪🇸 El inventor dijo que los científicos e ingenieros espirituales inspiran a los técnicos en la Tierra a hacer más sensibles dispositivos electrónicos como televisores, radios, computadoras y teléfonos celulares, para mejorar las comunicaciones espirituales.

🇺🇸 The inventor said that spiritual scientists and engineers inspire technicians on Earth to make electronic devices, such as TVs, radios, computers, and cell phones, more sensitive to improve spiritual communications.

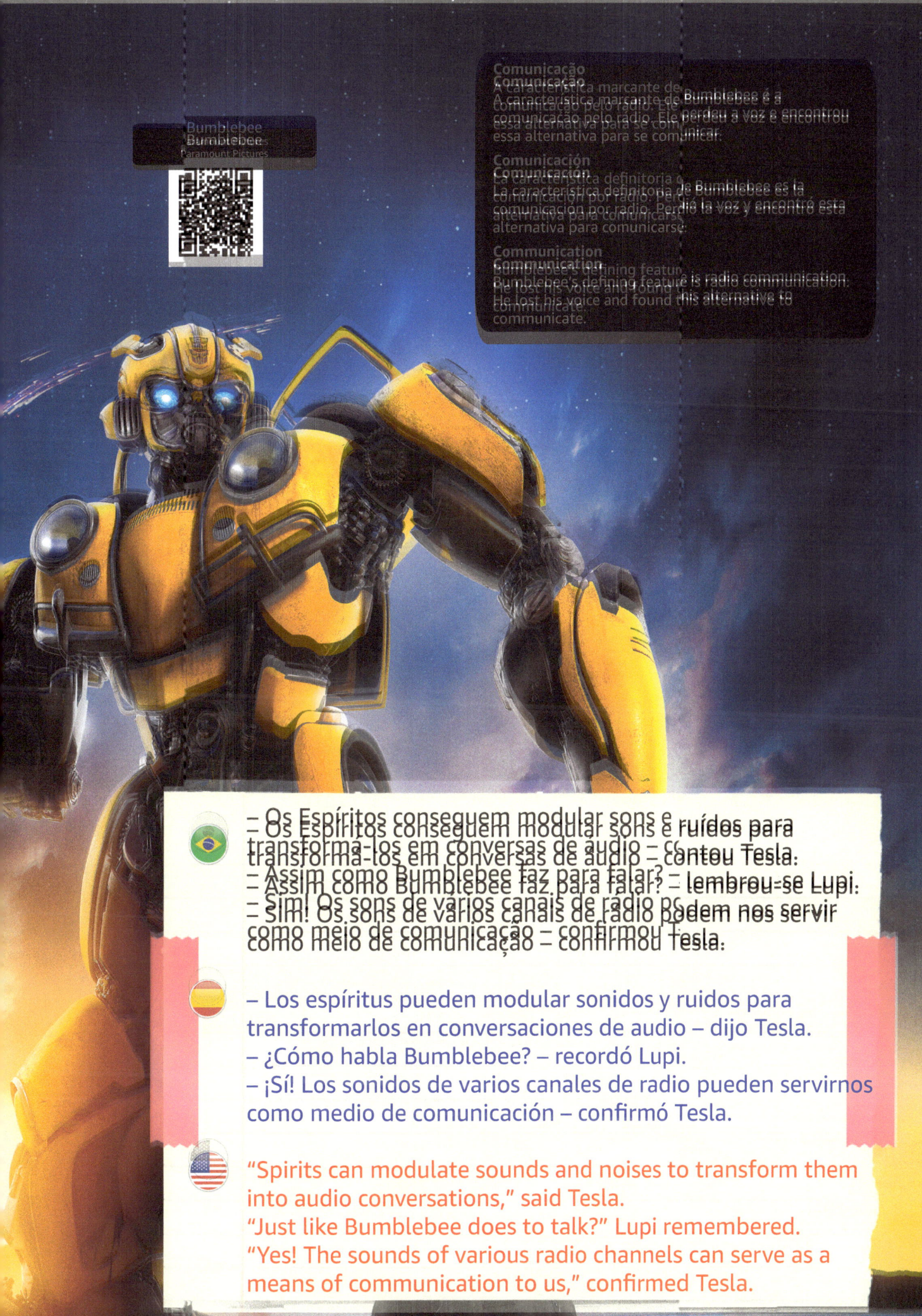

Bumblebee
Paramount Pictures

Comunicação
A característica marcante de Bumblebee é a comunicação pelo rádio. Ele perdeu a voz e encontrou essa alternativa para se comunicar.

Comunicación
La característica definitoria de Bumblebee es la comunicación por radio. Perdió la voz y encontró esta alternativa para comunicarse.

Communication
Bumblebee's defining feature is radio communication. He lost his voice and found this alternative to communicate.

🇧🇷 – Os Espíritos conseguem modular sons e ruídos para transformá-los em conversas de áudio – contou Tesla.
– Assim como Bumblebee faz para falar? – lembrou-se Lupi.
– Sim! Os sons de vários canais de rádio podem nos servir como meio de comunicação – confirmou Tesla.

🇪🇸 – Los espíritus pueden modular sonidos y ruidos para transformarlos en conversaciones de audio – dijo Tesla.
– ¿Cómo habla Bumblebee? – recordó Lupi.
– ¡Sí! Los sonidos de varios canales de radio pueden servirnos como medio de comunicación – confirmó Tesla.

🇺🇸 "Spirits can modulate sounds and noises to transform them into audio conversations," said Tesla.
"Just like Bumblebee does to talk?" Lupi remembered.
"Yes! The sounds of various radio channels can serve as a means of communication to us," confirmed Tesla.

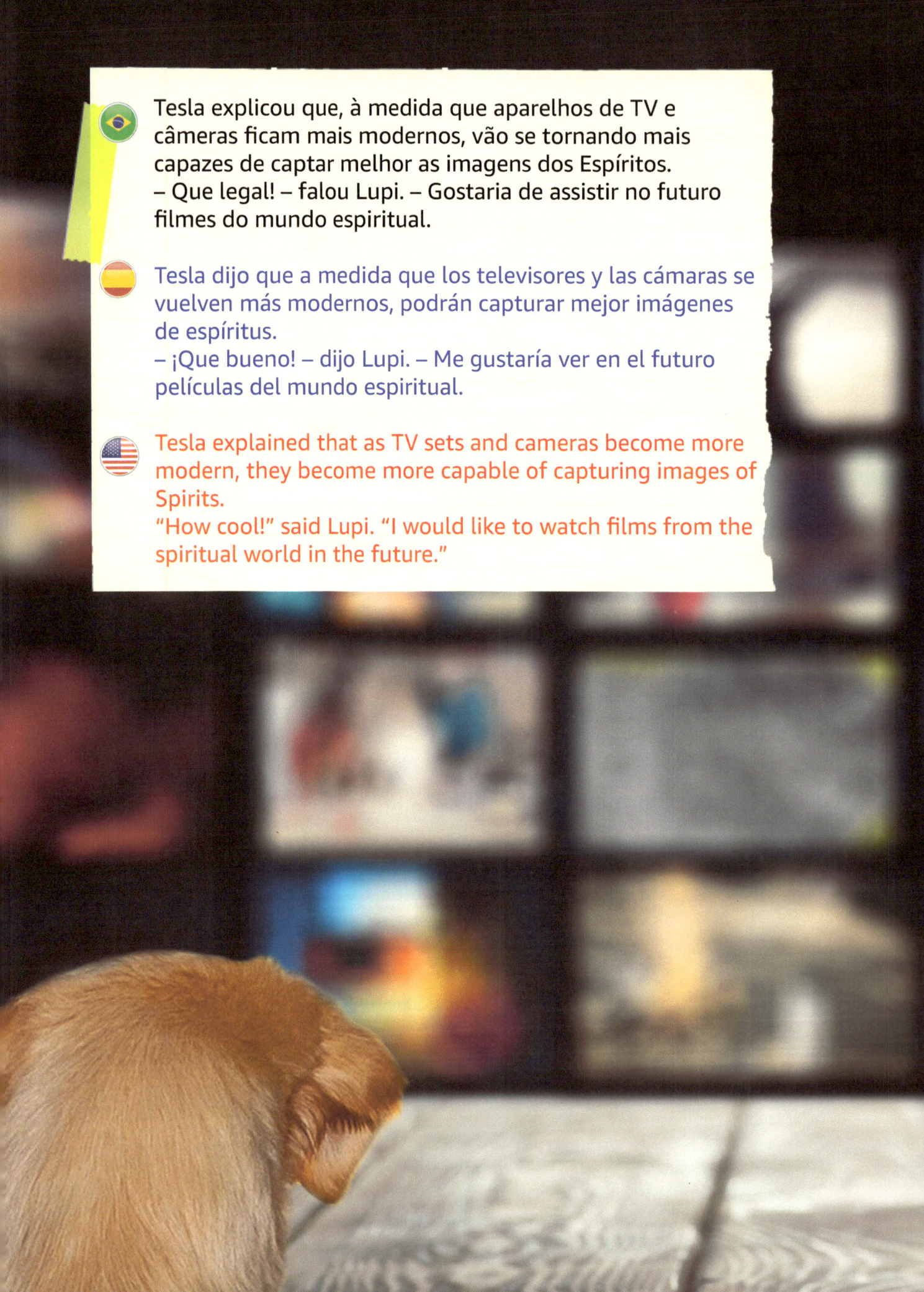

🇧🇷 Tesla explicou que, à medida que aparelhos de TV e câmeras ficam mais modernos, vão se tornando mais capazes de captar melhor as imagens dos Espíritos.
– Que legal! – falou Lupi. – Gostaria de assistir no futuro filmes do mundo espiritual.

🇪🇸 Tesla dijo que a medida que los televisores y las cámaras se vuelven más modernos, podrán capturar mejor imágenes de espíritus.
– ¡Que bueno! – dijo Lupi. – Me gustaría ver en el futuro películas del mundo espiritual.

🇺🇸 Tesla explained that as TV sets and cameras become more modern, they become more capable of capturing images of Spirits.
"How cool!" said Lupi. "I would like to watch films from the spiritual world in the future."

Contato
Na série de ficção científica *Stranger Things*, a menina paranormal Eleven consegue se comunicar com outra dimensão por meio de aparelhos eletrônicos.

Contacto
En la serie de ciencia ficción *Stranger Things*, la niña paranormal Eleven es capaz de comunicarse con otra dimensión a través de dispositivos electrónicos.

Contact
In the science fiction series *Stranger Things*, the paranormal girl Eleven is able to communicate with another dimension through electronic devices.

Stranger Things
Disney

🇧🇷 – Alguns aparelhos eletrônicos podem servir para captar imagens e vozes de Espíritos – falou o inventor.
– Assim como os contatos espirituais por telefone em *Stranger Things*! – disse Oli, lembrando-se do seriado.

🇪🇸 – Algunos dispositivos electrónicos pueden usarse para capturar imágenes y voces de Espíritus – dijo el inventor.
– ¡Cómo contactos espirituales por teléfono en Stranger Things! – dijo Oli, recordando la serie.

🇺🇸 "Some electronic devices can be used to capture images and voices of Spirits," said the inventor. "Just like telephonic spiritual communications in Stranger Things!" said Oli, remembering the series.

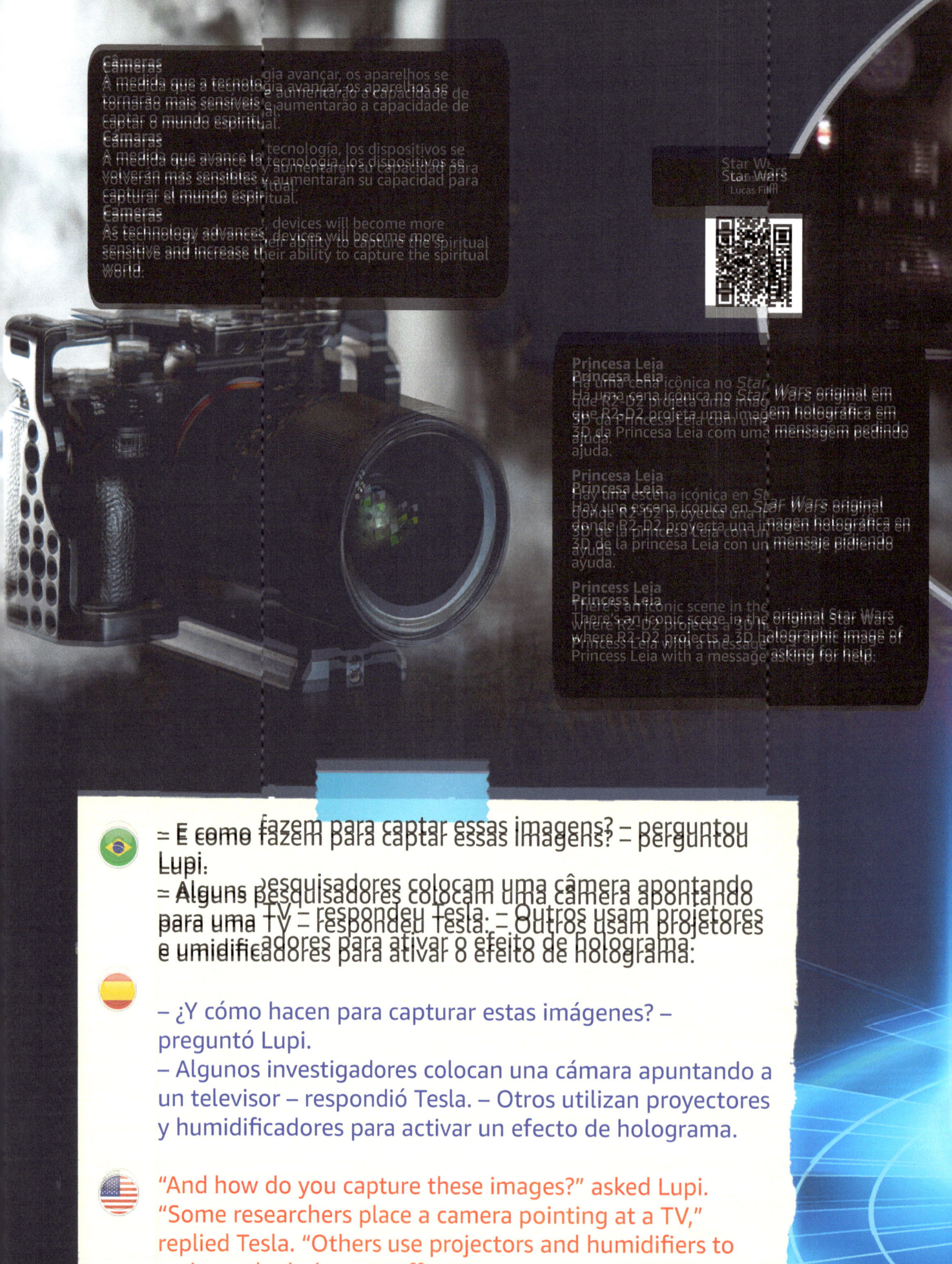

Câmeras
À medida que a tecnologia avançar, os aparelhos se tornarão mais sensíveis e aumentarão a capacidade de captar o mundo espiritual.

Cámaras
A medida que avance la tecnología, los dispositivos se volverán más sensibles y aumentarán su capacidad para capturar el mundo espiritual.

Cameras
As technology advances, devices will become more sensitive and increase their ability to capture the spiritual world.

Star Wars
Lucas Film

Princesa Leia
Há uma cena icônica no *Star Wars* original em que R2-D2 projeta uma imagem holográfica em 3D da Princesa Leia com uma mensagem pedindo ajuda.

Princesa Leia
Hay una escena icónica en *Star Wars* original donde R2-D2 proyecta una imagen holográfica en 3D de la princesa Leia con un mensaje pidiendo ayuda.

Princess Leia
There's an iconic scene in the original Star Wars where R2-D2 projects a 3D holographic image of Princess Leia with a message asking for help.

🇧🇷
– E como fazem para captar essas imagens? – perguntou Lupi.
– Alguns pesquisadores colocam uma câmera apontando para uma TV – respondeu Tesla. – Outros usam projetores e umidificadores para ativar o efeito de holograma.

🇪🇸
– ¿Y cómo hacen para capturar estas imágenes? – preguntó Lupi.
– Algunos investigadores colocan una cámara apuntando a un televisor – respondió Tesla. – Otros utilizan proyectores y humidificadores para activar un efecto de holograma.

🇺🇸
"And how do you capture these images?" asked Lupi.
"Some researchers place a camera pointing at a TV," replied Tesla. "Others use projectors and humidifiers to activate the hologram effect."

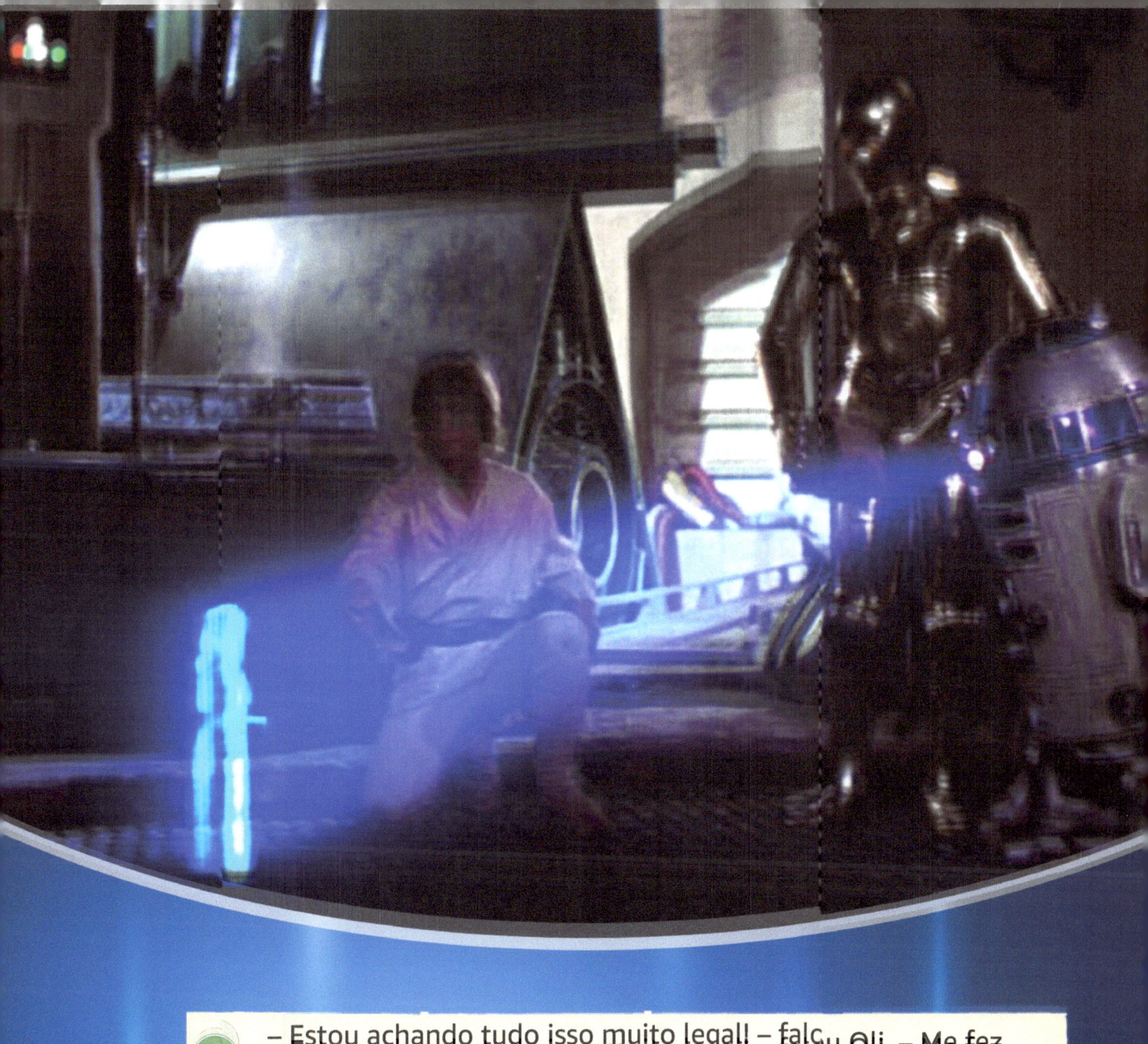

🇧🇷 – Estou achando tudo isso muito legal! – falou Oli. – Me fez lembrar a princesa Leia enviando uma mensagem através de R2.
O inventor comentou que, assim como ocorre em áudios, os Espíritos também podem mexer na luz para conseguir produzir imagens.

🇪🇸 – ¡Todo esto me parece genial! – dijo Oli. – Me recordó a la Princesa Leia enviando un mensaje a través de R2.
El inventor dijo que, al igual que con el audio, los Espíritus también pueden cambiar la luz para producir imágenes.

🇺🇸 "I think this is all really cool!" said Oli. "It reminded me of Princess Leia sending a message through R2."
The inventor commented that, just as happens in audio, Spirits can also manipulate light to produce images.

– As primeiras vozes e imagens espirituais já começaram a aparecer por todo o mundo! – contou o inventor. – Com esse evento surgiram os pesquisadores, chamados transcomunicadores.
– Os Transformers? – indagou Oli.
– Há, há! – sorriu Tesla.

– ¡Las primeras voces e imágenes espirituales ya han comenzado a aparecer en todo el mundo! – contó el inventor. – Con ello surgieron los investigadores, llamados transcomunicadores.
– ¿Los transformadores? – dijo Oli.
– ¡Ja ja! – Tesla sonrió.

"The first spiritual voices and images have already begun to appear all over the world!" said the inventor. "With this event, researchers, called transcommunicators, emerged."
"The Transformers?" asked Oli.
"Ha, ha!" Tesla smiled.

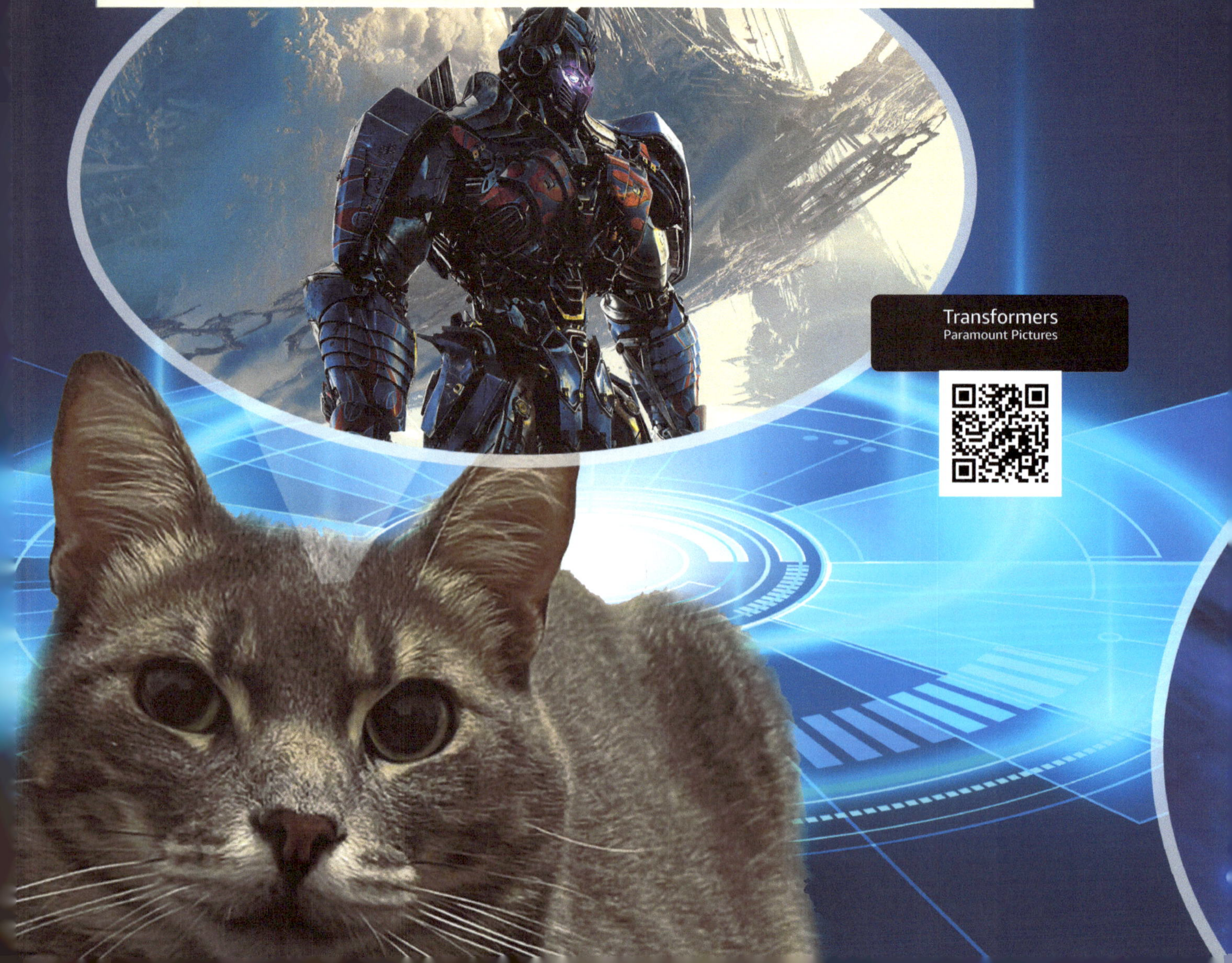

Transformers
Paramount Pictures

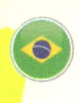 O inventor esclareceu que, com a ajuda da tecnologia do Além, a transcomunicação vai melhorar no futuro.
"Espero que alcance logo tecnologias do futuro como as de *Wall-e* e de *Eva*", pensou Lupi.

 El inventor afirmó que con la ayuda de tecnología del más allá, la transcomunicación mejorará en el futuro.
– Espero que las futuras tecnologías de Wall-e y Eva lleguen pronto – pensó Lupi.

 The inventor clarified that, with the help of technology from the Beyond, transcommunication will improve in the future.
"I hope it soon reaches technologies of the future like Wall-e and Eva", thought Lupi.

Transcomunicação Instrumental (TCI)
O número de pesquisadores interessados na TCI está aumentando em todo o mundo.
Transcomunicación Instrumental (TCI)
El número de investigadores interesados en las TIC está aumentando en todo el mundo.
Instrumental Transcommunication (TCI)
The number of researchers interested in ICT is increasing around the world.

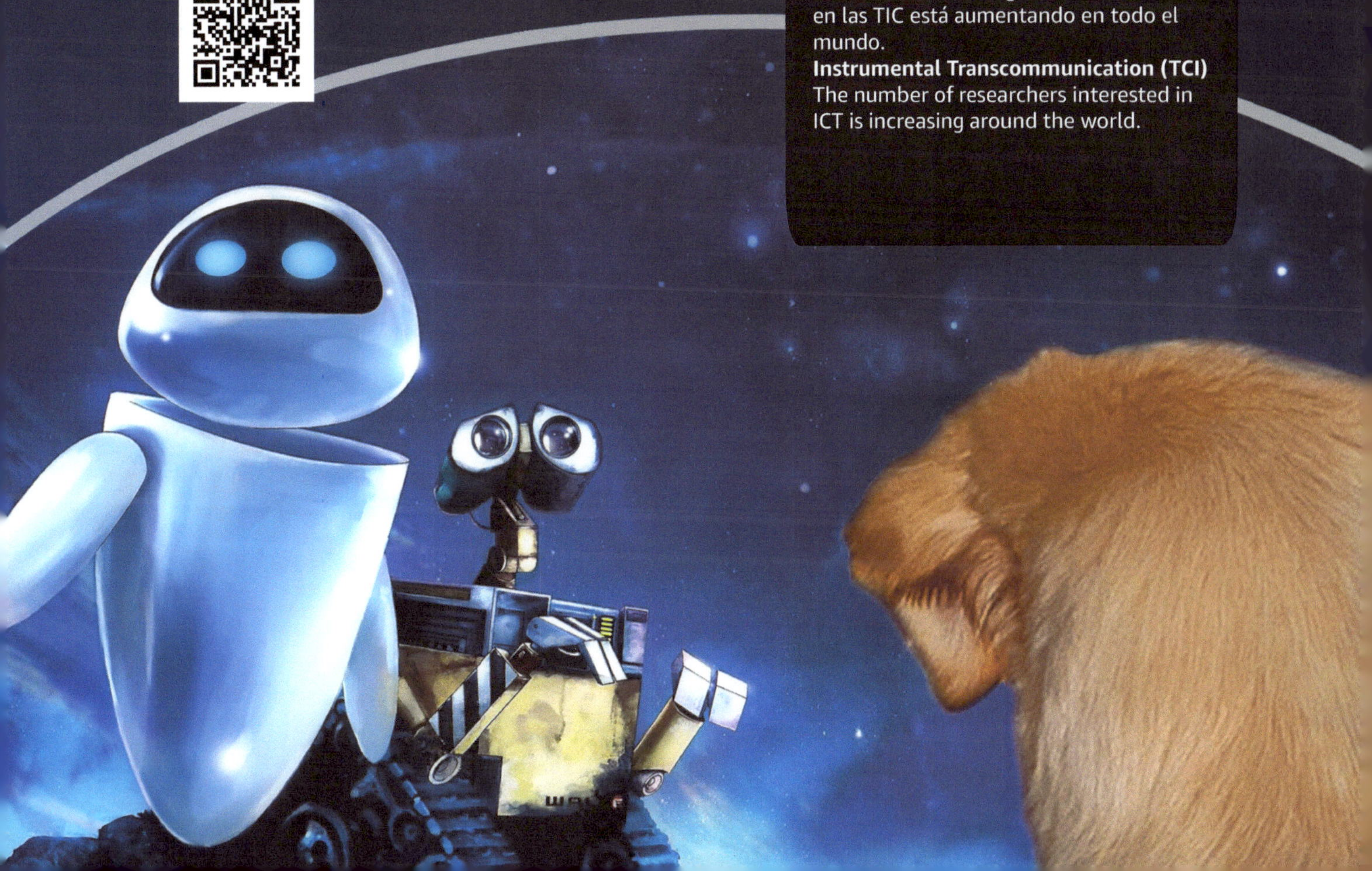

WALL-E
Disney

🇧🇷 – Uma pergunta, seu Nikola... Têm aparecido imagens de bichinhos? – quis saber Oli.
– Sim, claro! – respondeu o inventor. – Alguns animais têm aparecido nas imagens.

🇪🇸 – Una pregunta, señor Nikola... ¿Han aparecido imágenes de animales? – preguntó Oli.
- ¡Sí! ¡Claro! – respondió el inventor. – Algunos han aparecido en las imágenes.

🇺🇸 "One question, Mr. Nikola... Have images of animals appeared?" Oli wanted to know.
"Yes, of course!" replied the inventor. "Some animals have appeared in the images."

🇧🇷 – Miau! Que lindo é saber que a vida continua – falou Oli, contente. – Os donos dos bichinhos devem ter ficado muito felizes.
– Au, au! – exclamou Lupi, imaginando aparecer espiritualmente em uma TV.

🇪🇸 – ¡Miau! Qué lindo es saber que la vida continúa – dijo Oli, feliz. – Los dueños de las mascotas debieron estar muy contentos.
– ¡Guau, guau! – dijo Lupi, imaginándose aparecer espiritualmente en la televisión.

🇺🇸 "Meow! How beautiful it is to know that life goes on," said Oli, happily. "The pet owners must have been very happy."
"Woof, woof!" exclaimed Lupi, imagining appearing spiritually on TV.

Transimagem
Imagem espiritual que pode ser captada por um aparelho eletrônico.

Transimagen
Imagen espiritual que puede ser capturada por un dispositivo electrónico.

Transimage
Spiritual image that can be captured by an electronic device.

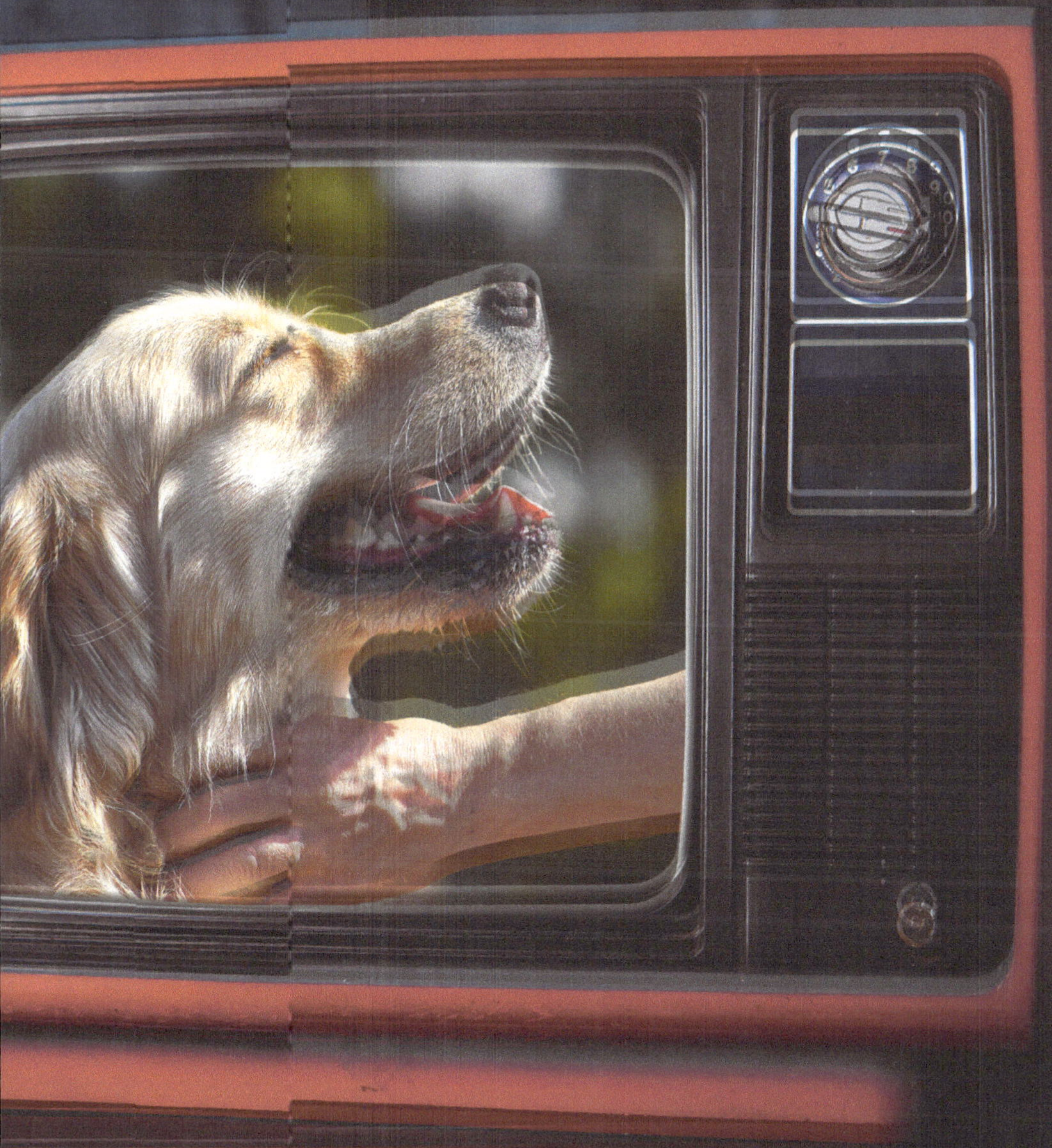

🇧🇷 – Amigos, vou lhes revelar uma informação – avisou Tesla.
– No mundo espiritual, cientistas e engenheiros criaram satélites e estações espaciais.
– Assim como a nossa estação espacial? – perguntou Lupi.

🇪🇸 – Amigos, les voy a revelar alguna información – advirtió Tesla. – En el mundo espiritual, los científicos e ingenieros crearon satélites y estaciones espaciales.
– ¿Igual que nuestra estación espacial? – preguntó Lupi.

🇺🇸 "Friends, I'm going to reveal some information to you," warned Tesla. "In the spiritual world, scientists and engineers created satellites and space stations."
"Just like our space station?" asked Lupi.

Rio do Tempo
É o nome da estação espiritual onde os cientistas da Terra trabalham.
Río del tiempo
Es el nombre de la estación espiritual donde trabajan los científicos de la Tierra.
River of Time
It is the name of the spiritual station where Earth scientists work.

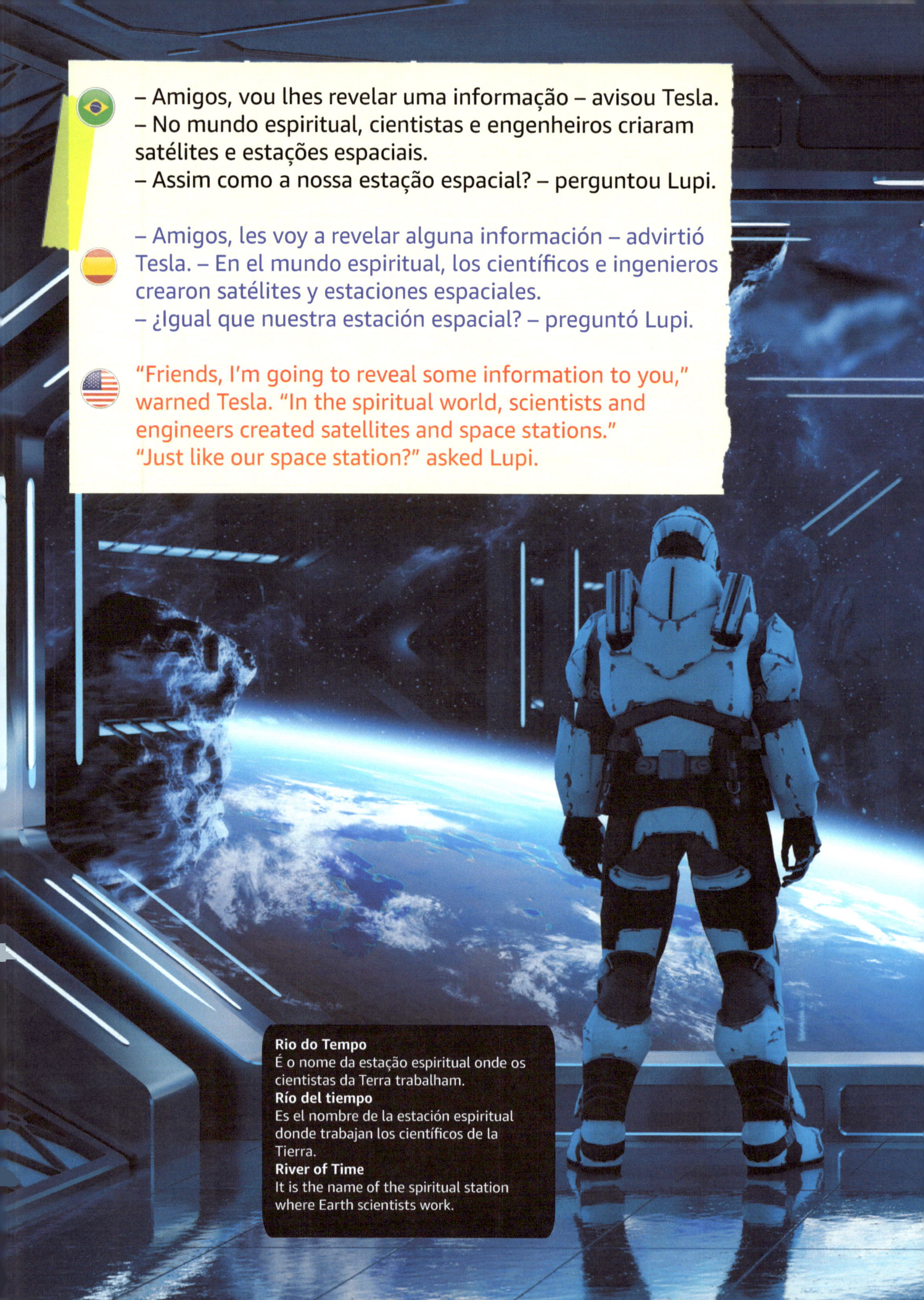

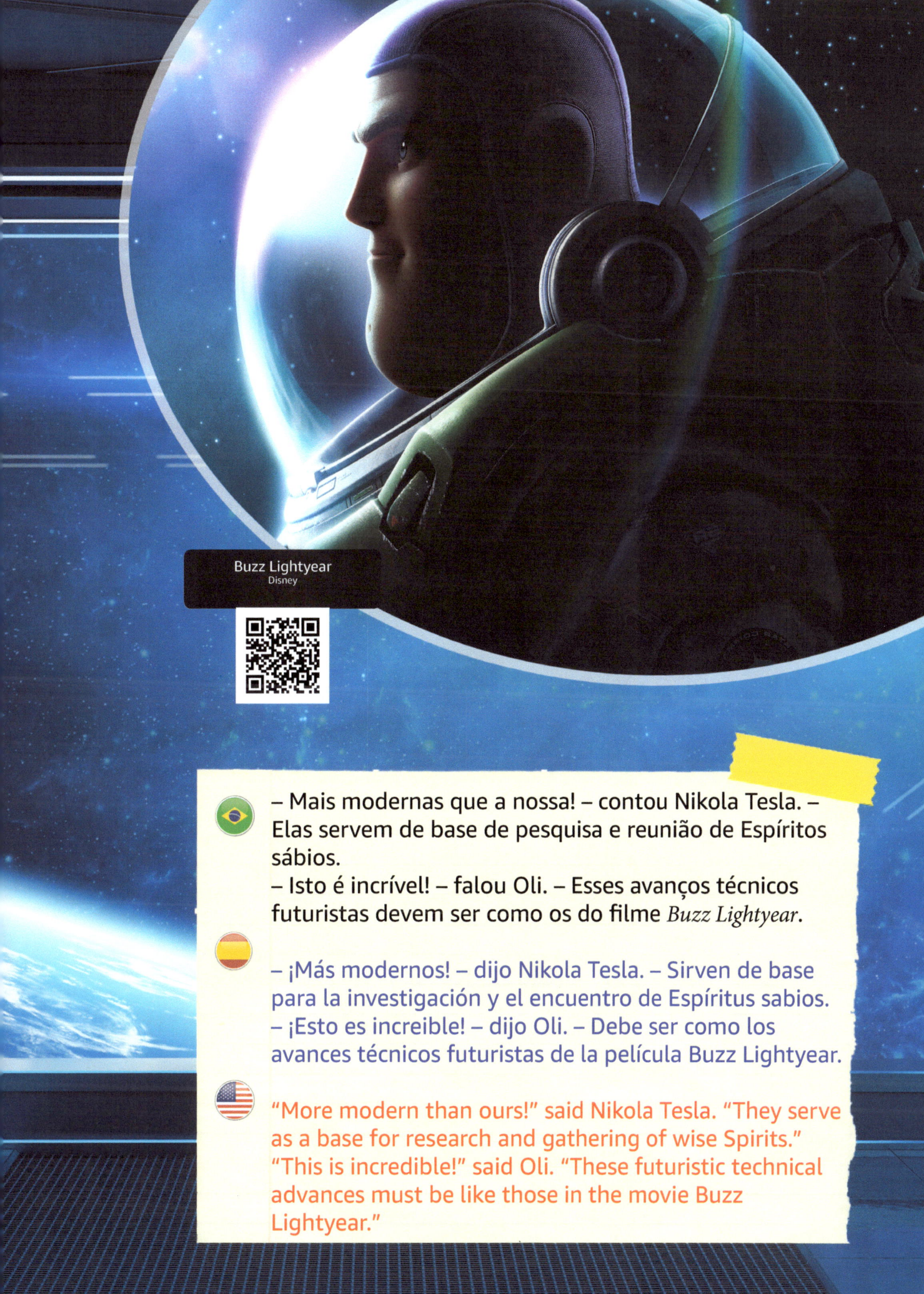

Buzz Lightyear
Disney

🇧🇷 – Mais modernas que a nossa! – contou Nikola Tesla. – Elas servem de base de pesquisa e reunião de Espíritos sábios.
– Isto é incrível! – falou Oli. – Esses avanços técnicos futuristas devem ser como os do filme *Buzz Lightyear*.

🇪🇸 – ¡Más modernos! – dijo Nikola Tesla. – Sirven de base para la investigación y el encuentro de Espíritus sabios.
– ¡Esto es increíble! – dijo Oli. – Debe ser como los avances técnicos futuristas de la película Buzz Lightyear.

🇺🇸 "More modern than ours!" said Nikola Tesla. "They serve as a base for research and gathering of wise Spirits."
"This is incredible!" said Oli. "These futuristic technical advances must be like those in the movie Buzz Lightyear."

🇧🇷
– E quem são esses cientistas? – perguntou Lupi.
– As maiores mentes brilhantes que já viveram na Terra – respondeu o inventor.
"Será que o Megamente está entre essas mentes?", pensou Oli.

🇪🇸
– ¿Y quiénes son estos científicos? – preguntó Lupi.
– Las mentes más brillantes que jamás hayan existido en la Tierra – respondió el inventor.
– ¿Será que Megamente está adentro? – pensó Oli.

🇺🇸
"And who are these scientists?" asked Lupi.
"The greatest brilliant minds that ever lived on Earth," replied the inventor.
"Is Megamind among these minds?" thought Oli.

Thomas A. Edison (1847–1931)
Foi um importante inventor e empreendedor norte-americano.

Thomas A. Edison (1847–1931)
Fue un importante inventor y empresario estadounidense.

Thomas A. Edison (1847–1931)
He was an important American inventor and entrepreneur.

Marie Curie (1867–1934)
Foi uma física e química polonesa que conduziu pesquisas pioneiras sobre radioatividade.

Marie Curie (1867–1934)
Fue una física y química polaca que realizó investigaciones pioneras sobre la radiactividad.

Marie Curie (1867–1934)
She was a Polish physicist and chemist who conducted pioneering research into radioactivity.

Dennis Gabor (1927–1971)
Engenheiro eletricista e inventor da holografia.

Dennis Gabor (1927–1971)
Ingeniero eléctrico e inventor de la holografía.

Dennis Gabor (1927–1971)
Electrical engineer and inventor of holography.

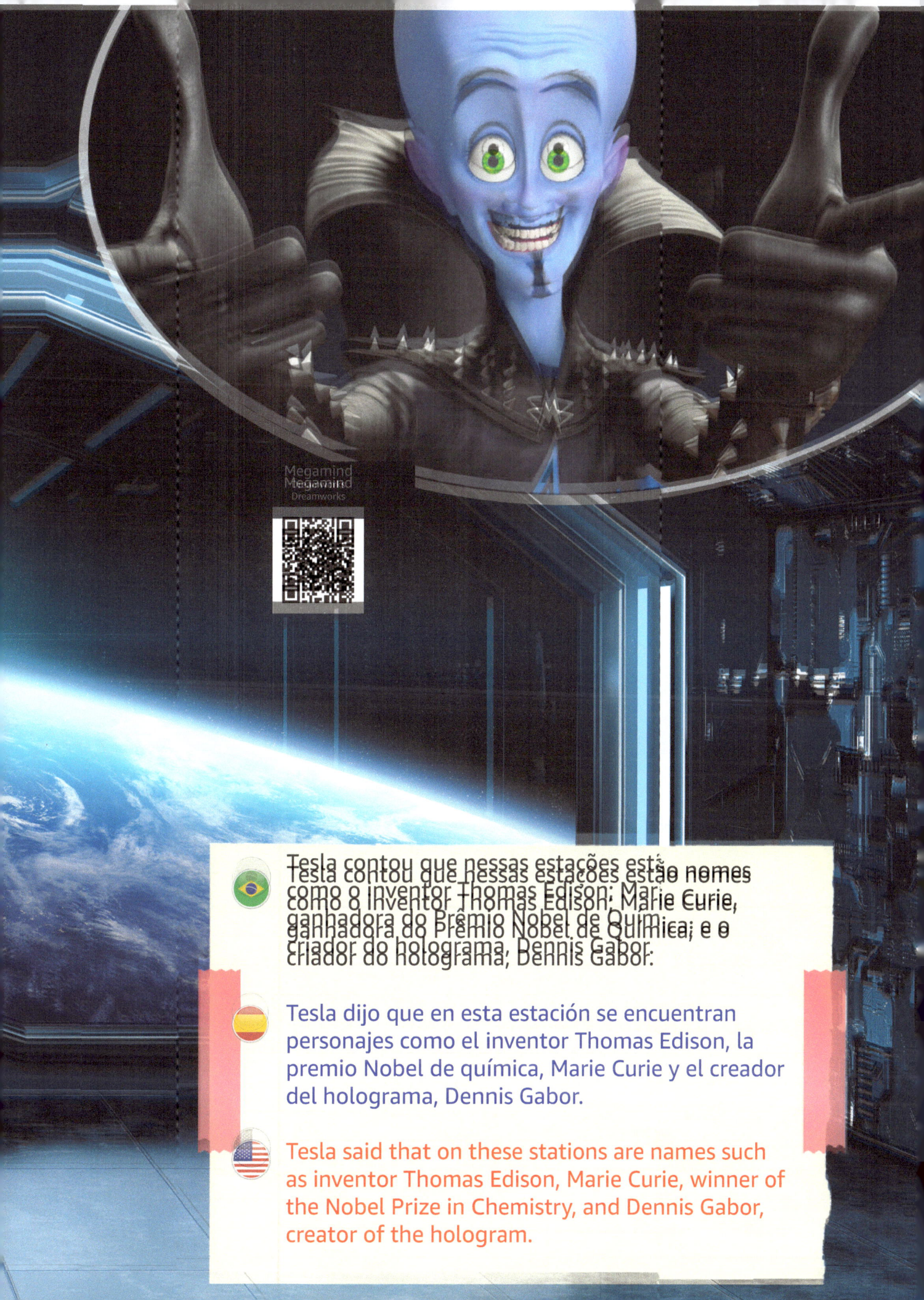

Megamind
Megamind
Dreamworks

🇧🇷 Tesla contou que nessas estações estão nomes como o inventor Thomas Edison; Marie Curie, ganhadora do Prêmio Nobel de Química; e o criador do holograma, Dennis Gabor.

🇪🇸 Tesla dijo que en esta estación se encuentran personajes como el inventor Thomas Edison, la premio Nobel de química, Marie Curie y el creador del holograma, Dennis Gabor.

🇺🇸 Tesla said that on these stations are names such as inventor Thomas Edison, Marie Curie, winner of the Nobel Prize in Chemistry, and Dennis Gabor, creator of the hologram.

🇧🇷
– E o que esses cientistas espirituais fazem? – indagou Lupi.
– Eles inspiram os cientistas da Terra, para acelerar o avanço da tecnologia – respondeu o inventor, perguntando em seguida: – Vocês já ouviram falar a frase de Jesus: "Na casa do meu pai há muitas moradas"?
– Sim! – responderam Lupi e Oli.

🇪🇸
– ¿Y qué hacen estos científicos espirituales? – preguntó Lupi.
– Inspiran a los científicos de la Tierra a acelerar el avance de la tecnología – respondió el inventor, y preguntó. – ¿Han escuchado la frase de Jesús: "En la casa de mi padre hay muchas moradas"?
- ¡Sí! – respondieron Lupi y Oli.

🇺🇸
"And what do these spiritual scientists do?" asked Lupi.
"They inspire Earth's scientists to accelerate the advancement of technology," replied the inventor, then asking: "Have you heard Jesus' sentence: 'In my Father's house there are many mansions?'"
"Yes!" Lupi and Oli answered.

🇧🇷 – Pois bem, vou lhes revelar que a Terra recebe há alguns anos a ajuda de cientistas espirituais de outros mundos.
– Sério? Seres de outros planetas? – perguntou Oli.
Oli imaginou a Terra com a tecnologia dos orbes para onde Mandalorian e Grogu viajam.

🇪🇸 – Bueno, les revelaré que la Tierra ha estado recibiendo ayuda de científicos espirituales de otros mundos desde hace algunos años.
– ¿De verdad? ¿Seres de otros planetas? – preguntó Oli.
Oli imaginó la Tierra con tecnología orbital donde Mandalorian viaja con Grogu.

🇺🇸 "Well, I will reveal to you that Earth has been receiving help from spiritual scientists from other worlds for some years."
"Really? Beings from other planets?" asked Oli.
Oli imagined Earth with the technology of the orbs where Mandalorian and Grogu travel.

Vida em outros mundos
Todos os orbes do Universo são habitados por Espíritos.

Vida en otros mundos
Todos los orbes del Universo están habitados por Espíritus.

Life on other worlds
All orbs in the Universe are inhabited by Spirits.

The Mandalorian
Disney

🇧🇷 — O médium Chico Xavier já dizia que os Espíritos, um dia, se comunicariam por multimídia – disse o inventor. – E, em breve, a Terra verá isso acontecer por intermédio de muitos meios eletrônicos.
— Esperamos que aconteça logo! – concordou Lupi.

🇪🇸 — El médium Chico Xavier ya decía que los Espíritus algún día se comunicarían a través de multimedia – afirmó el inventor. – Y pronto, la Tierra verá que esto sucederá a través de muchos medios electrónicos.
— ¡Esperamos que suceda pronto! – asintió Lupi.

🇺🇸 "The medium Chico Xavier already said that Spirits would communicate through multimedia one day," said the inventor. "And soon, the Earth will see this happen through many electronic means."
"We hope it happens soon!" agreed Lupi.

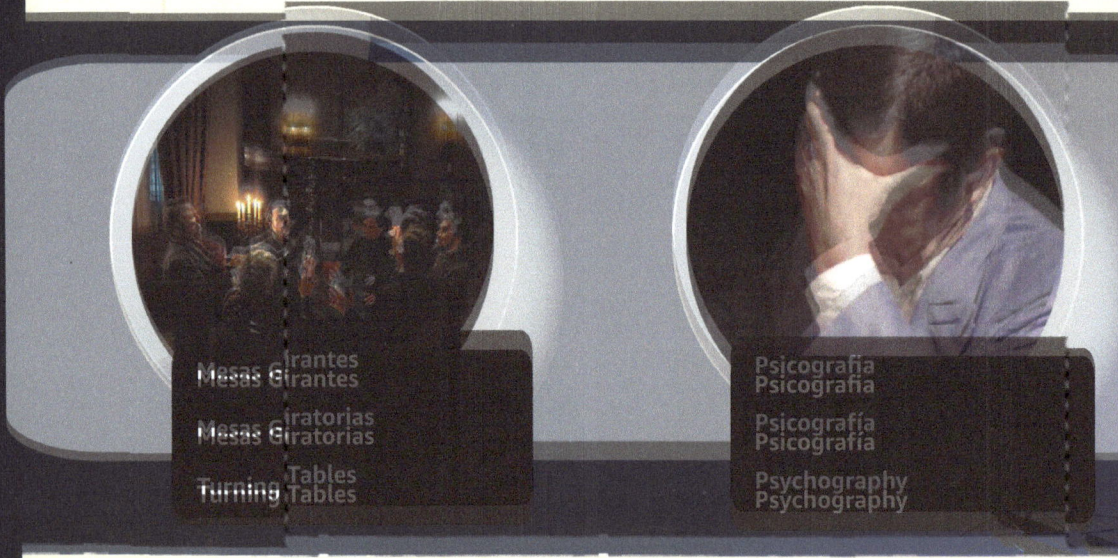

Mesas Girantes
Mesas Giratorias
Turning Tables

Psicografia
Psicografía
Psychography

🇧🇷 — As pessoas comprovarão que a morte não existe, que o Evangelho ilumina, e isso trará um novo sentido à civilização cristã mundial – esclareceu o inventor, mostrando uma linha de tempo com as comunicações espirituais.

🇪🇸 — Las personas comprobarán que la muerte no existe, que el Evangelio ilumina, y esto traerá un nuevo significado a la civilización cristiana en el mundo – dijo el inventor, mostrando una línea del tiempo con comunicaciones espirituales.

🇺🇸 "People will confirm that death does not exist, that the Gospel illuminates, and this will bring new meaning to global Christian civilization," clarified the inventor, showing the timeline with spiritual communications.

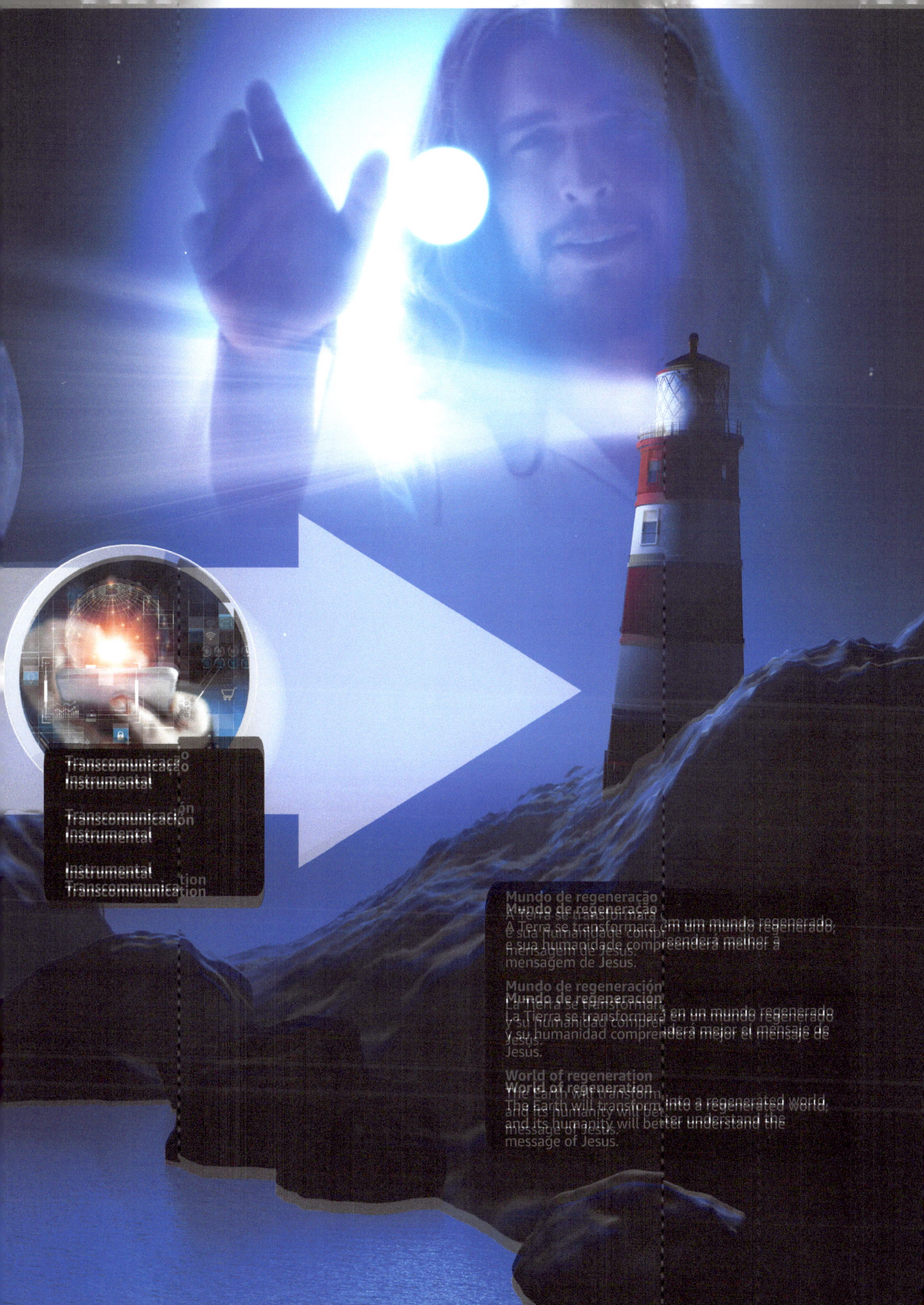

– As primeiras mensagens e imagens projetadas pelos nossos aparelhos já estão sendo captadas na Terra – prosseguiu o inventor.
– Muitas mães que perderam seus filhos têm se consolado.
– Que lindo saber disso! – falou Oli.

– Los primeros mensajes e imágenes proyectados por nuestros dispositivos ya están siendo capturados en la Tierra – dijo el inventor. – Muchas madres que perdieron a sus hijos son consoladas.
– ¡Qué maravilloso saber eso! – dijo Oli.

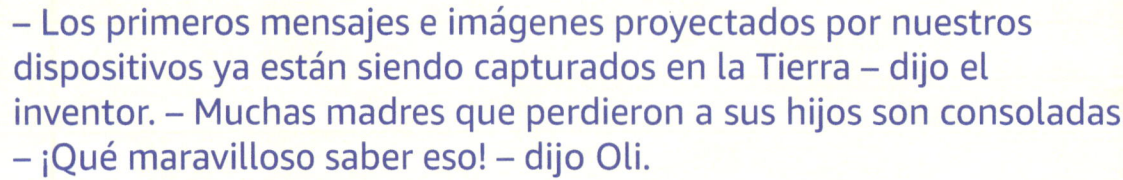
"The first messages and images projected by our devices are already being captured on Earth," continued the inventor. "Many mothers who lost their children have consoled themselves."
"How wonderful to know that!" said Oli.

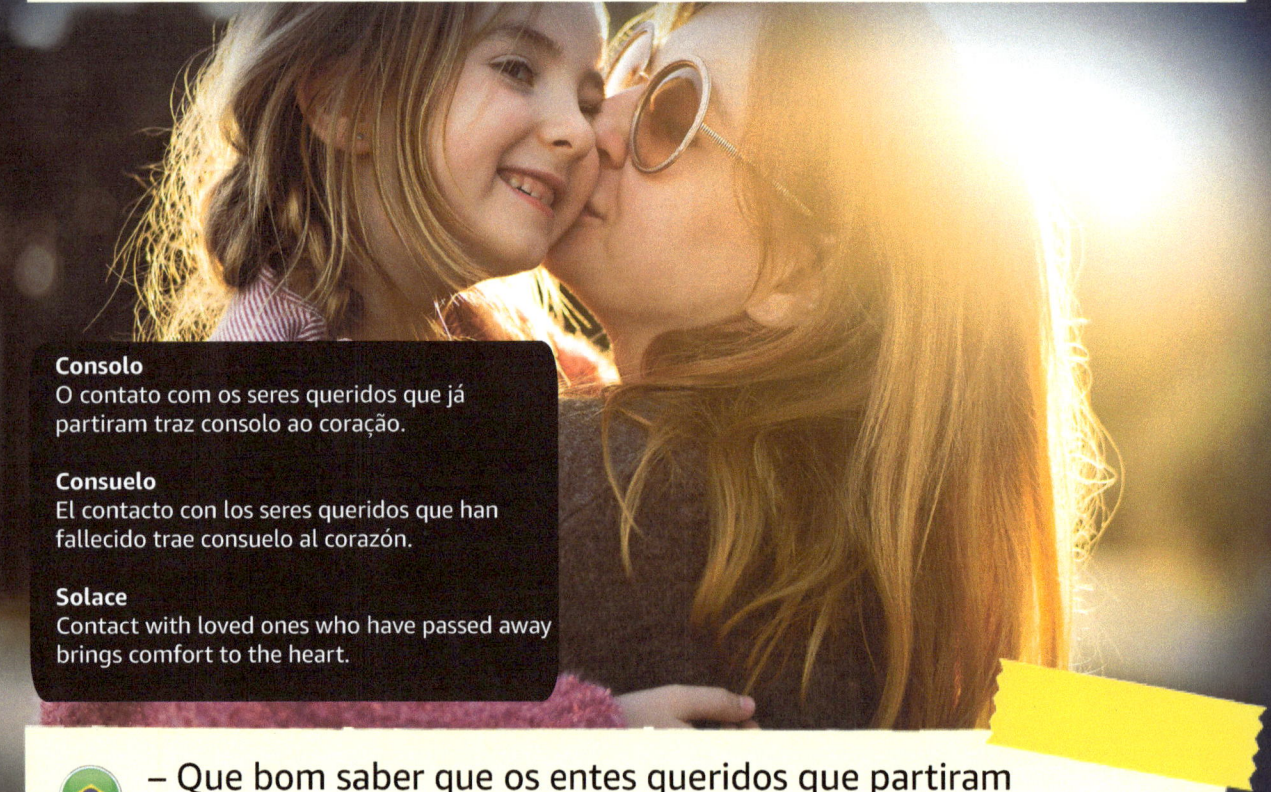

Consolo
O contato com os seres queridos que já partiram traz consolo ao coração.

Consuelo
El contacto con los seres queridos que han fallecido trae consuelo al corazón.

Solace
Contact with loved ones who have passed away brings comfort to the heart.

– Que bom saber que os entes queridos que partiram continuam vivos. Isso nos traz alegria e paz ao coração! – afirmou o inventor, que, após dizer essas palavras, desapareceu.

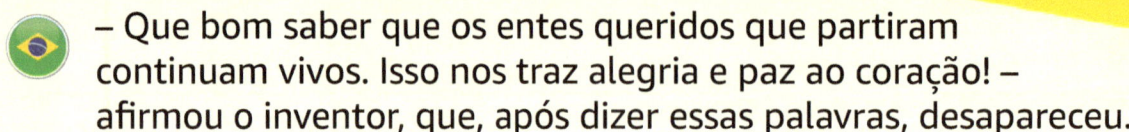
– ¡Es bueno saber que los seres queridos que se fueron continúan, y que están vivos, eso nos trae alegría y paz en nuestros corazones! – afirmó el inventor, quien tras decir estas palabras desapareció.

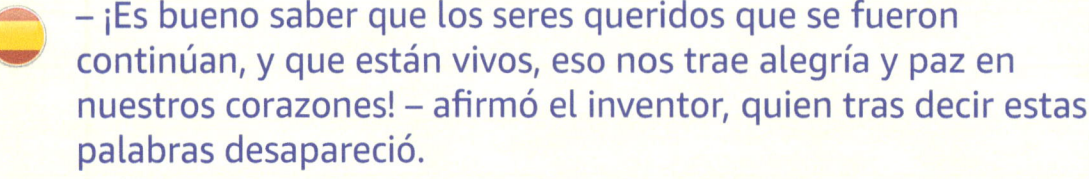
"It's good to know that loved ones who left are still alive. This brings us joy and peace in our hearts!" stated the inventor, who disappeared after saying these words.

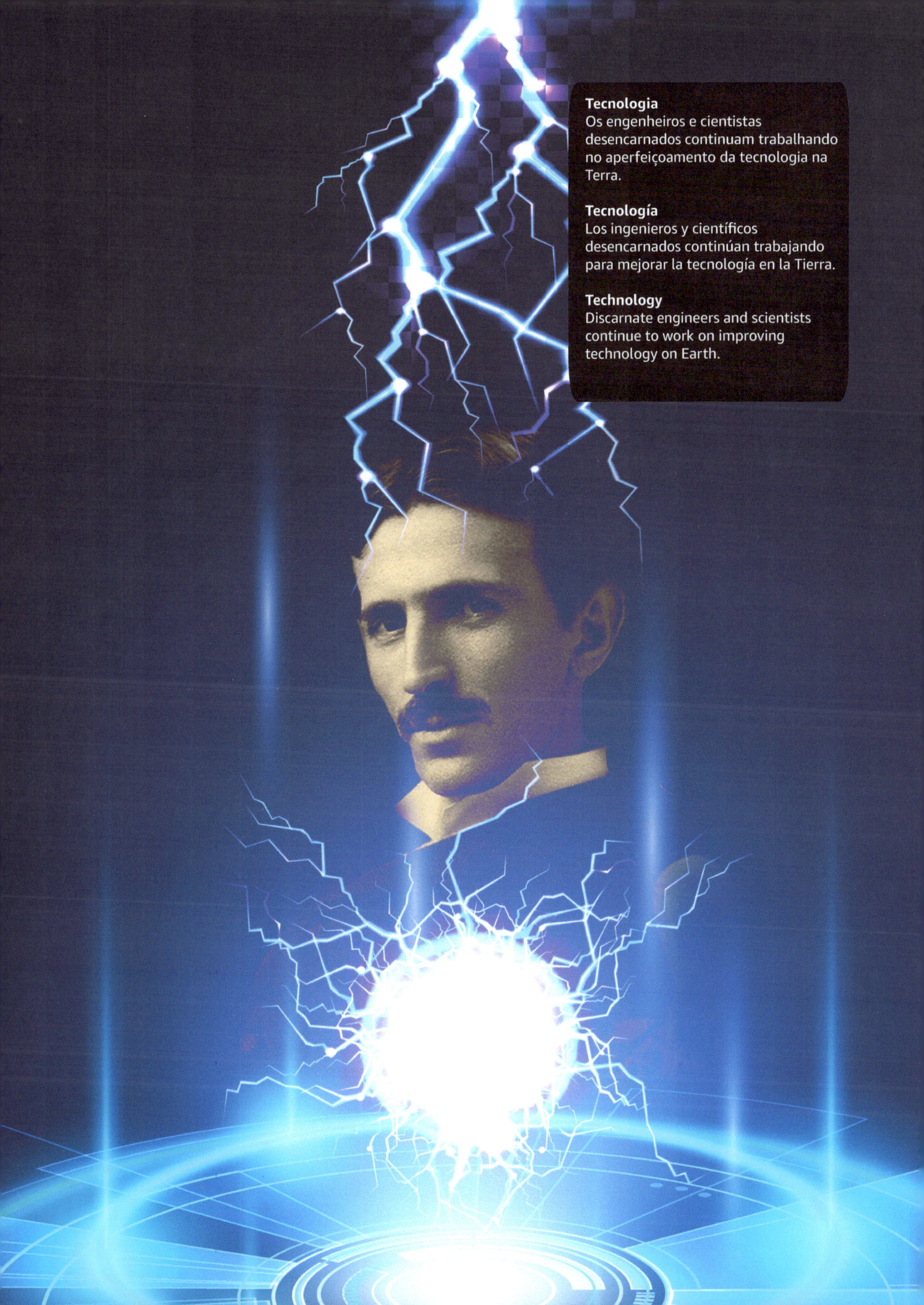

🇧🇷 Lupi e Oli saíram da cápsula Akasha, felizes pelo conhecimento recebido. Eles sabiam agora que a comunicação espiritual por meio de aparelhos traria consolo e muita informação ao mundo.

🇪🇸 Lupi y Oli salieron felices de la cápsula Akasha por el conocimiento recibido. Ahora saben que la comunicación espiritual a través de dispositivos les brindará consuelo y mucha información.

🇺🇸 Lupi and Oli left the Akasha capsule, happy with the knowledge they received. They now knew that spiritual communication through devices would bring comfort and much information to the world.

🇧🇷 = Será que os inventores vão reencarnar? – perguntou Oli.
= Sim! Serão crianças geniais que criarão novidades – falou Lupi.
Assim, nossos amigos ficaram felizes e esperançosos de ver a Terra transformada com a tecnologia voltada ao amor.

🇪🇸 – ¿Los inventores reencarnarán? – preguntó Oli.
– ¡Sí! Serán niños genios que traerán cosas nuevas – dijo Lupi.
Así, nuestros amigos se alegraron con la esperanza de ver la Tierra transformada con tecnología enfocada al amor.

🇺🇸 "Will the inventors reincarnate?" asked Oli.
"Yes! They will be brilliant children who will create new things," said Lupi.
Thus, our friends were happy and hopeful to see the Earth transformed with technology focused on love.

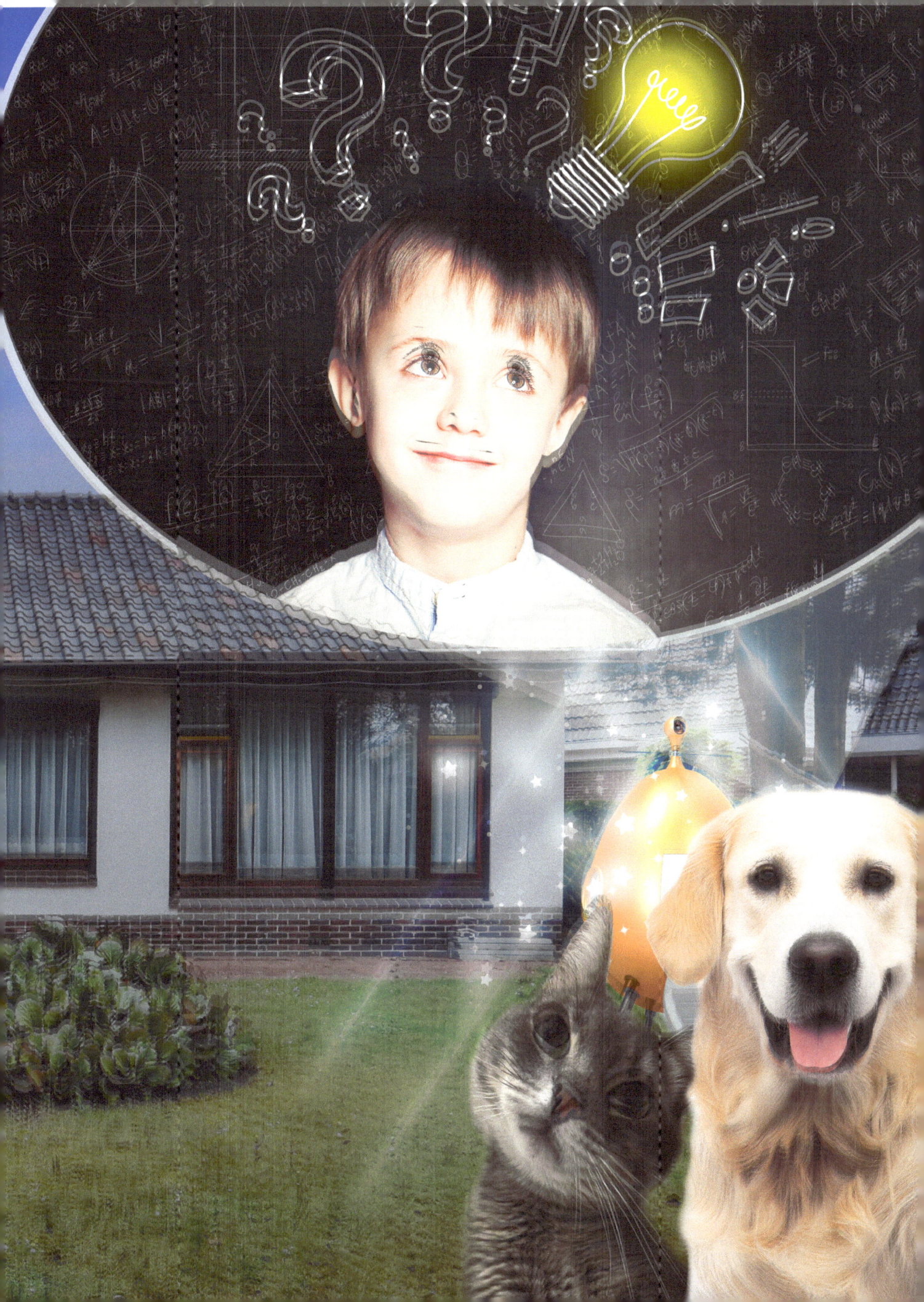

Glossário

Rio do Tempo: nome da estação espiritual onde Espíritos cientistas e técnicos trabalham para melhorar as comunicações espirituais eletrônicas.
Transcomunicação Instrumental: é o estudo da comunicação com os Espíritos por meio de aparelhos eletrônicos, por exemplo, rádio, televisão, telefone e computador.

 ## Glosario

Río del Tiempo: Nombre de la estación espiritual donde trabajan los Espíritus científicos y técnicos para mejorar las comunicaciones espirituales electrónicas.
Transcomunicación Instrumental: es el estudio de la comunicación con los Espíritus a través de dispositivos electrónicos como la radio, la televisión, el teléfono y la computadora.

 ## Glossary

River of Time: name of the spiritual station where scientific and tech Spirits work to improve electronic spiritual communications.
Instrumental Transcommunication: is the study of communication with Spirits through electronic devices, for example: radio, television, telephone, and computer.

 Mais informações em:
1. KARDEC, Allan. *O Livro dos Espíritos*. Questão 934.
2. KARDEC, Allan. *O Livro dos Médiuns*.
3. XAVIER, Francisco Cândido. *Programa de televisão Pinga Fogo*.

 Más información en:
1. KARDEC, Allan. *El Libro de los Espíritus*. Pregunta 934.
2. KARDEC, Allan. *El Libro de los Mediums*.
3. XAVIER, Francisco Cândido. *Programa de televisión "Fuego Cruzado"*.

 More information:
1. KARDEC, Allan. *The Spirits' Book*. Question 934.
2. KARDEC, Allan. *The Mediums' Book*.
3. XAVIER, Francisco Cândido. *"Pinga Fogo" TV show*.

Mais informações sobre o autor:
Más informaciones sobre el autor:
More information about the author:

www.luishu.com